역사 속
세기의 로맨스

 6 아우구스투스와 리비아

2012년 8월 7일 초판 1쇄 발행
2017년 5월 23일 초판 2쇄 발행

글 박시연 / 그림 유수미
펴낸이 이철규 / 펴낸곳 북스
편집 이은주 / 편집디자인 이종한

편집부 02-336-7634 / 영업부 02-336-7613 / FAX 02-336-7614
홈페이지 http://www.vooxs.kr / 등록번호 제 313-2004-00245호 / 등록일자 2004년 10월 18일

주소 서울특별시 광진구 동일로 4길 32 2층
값 10,800원
ISBN 978-89-6519-059-2 74800
　　　978-89-6519-043-1 (세트)

잘못된 서적은 구입하신 서점에서 교환하여 드립니다.
이 책은 저작권법에 의해 보호를 받는 저작물이므로 불법 복제와
스캔 등 무단 전재 및 유포·공유를 금합니다.

역사 속 세기의 로맨스

6 아우구스투스와 리비아

글 박시연 그림 유수미

머리말

'세기의 로맨스'는 말 그대로 세계가 놀랄 만한 로맨스를 다룬 글입니다.

주인공 이지가 타임 슬립을 통해 과거의 시공으로 떨어지고, 그곳에서 '헨리 8세와 앤 블린', '샤 자한과 뭄타즈 마할', '원효대사와 요석공주' 등 역사에 기록될 만한 강렬하고도 아름다운 사랑을 나눈 주인공들을 만나 함께 기뻐하고 슬퍼하며 사랑을 배워간다는 내용입니다. 이렇게 과거에서 만난 친구들을 통해 사랑의 진정한 의미와 가치를 깨달으며 이지는 조금씩 성장합니다. 그리고 이런 성장을 바탕으로 현실세계에서 자신을 무던히도 괴롭히지만 때때로 묘한 분위기로 헷갈리게 만드는 킹카 중의 킹카 주노와의 사랑을 가꾸어 나갑니다.

세기의 로맨스는 물론 로맨스를 중심으로 하는 시리즈입니다. 하지만 그 시대에 살았던 주인공들의 삶과 사랑을 현실세계에서 온 이지의 눈으로 지켜보고 느끼면서 당시의 역사에 대해 자연스럽게 배

우게 됩니다. 그들의 사랑 자체가 역사가 되는 것이지요.

우리 학생 독자들에게 로맨스는 언제나 중요한 관심거리일 겁니다. 누구나 한 번쯤은 밤하늘의 별을 올려다보며 시크한 왕자님과의 사랑을 꿈꾸고, 또한 거리를 걷거나 지하철을 타고 가다가 첫 사랑과의 우연한 재회를 꿈꾸기도 했겠지요. 세기의 로맨스를 펼치는 순간, 여러분이 기대하는 그런 설렘을 만날 수 있습니다.

　더불어 그들이 어떻게 그런 사랑을 하고, 어떻게 그런 행복 혹은 비극을 맞았는지 그 역사적 배경까지 알게 된다면 더욱 흥미진진하지 않을까요?

　　　　　　　　　　　　　　　　　　　　　　　　　박시연

차례

머리말 _6

내게 남친이 생긴다면 _11

그의 엄마 _30

웃지 않는 소년 옥타비아누스 _50

별처럼 사랑스런 소녀 리비아 _72

사랑을 위하여 _100

불가능한 시험 _121

애증의 관계 _147

진짜 사랑한다면
가족까지 사랑하라 _171

부록 아우구스투스 - 가장 존엄한 자 _187

내게 남친이 생긴다면

부우우- 부우우-

새벽부터 핸드폰 진동음이 끈질기게 울렸다. 이지는 어둑한 방안 침대에 누워 신경을 건드리는 소리를 애써 무시하는 중이었다. 하지만 아무리 이불을 뒤집어써도 모기 열 마리쯤이 귓가에서 윙윙거리는 듯한 소리를 막을 수는 없었다. 이지는 결국 이불을 젖히고 손을 뻗었다. 그리고 침대 옆의 책상 위에 놓아둔 핸드폰을 잡으려고 손을 더듬었다. 그런데 당연히 책상이 있어야 할 자리에서는 아무것도 만져지지 않았다.

"어어……."

빈 허공을 더듬다가 이지는 결국 침대 아래로 굴러 떨어졌다.

"어이쿠!"

엉덩이를 문지르며 이지는 창문을 통해 희미한 빛이 스며들고 있는 널찍한 방안을 둘러보았다. 여기는 그녀의 좁은 다세대주택이 아니라 주노의 저택이었다.

"어제 주노 선배와 함께 돌아왔었지."

물에 빠진 자신을 구하려고 헤엄쳐 와 입을 맞추던 주노의 모습이 떠오르자 이지는 뺨을 살짝 붉혔다. 야릇한 흥분과 막연한 불안이 동시에 밀려왔다.

"이제부터 이지는 메이드가 아니야. 세상에 단 하나뿐인 나의 여친이야."

지난 밤, 이지를 저택으로 데려오며 주노는 분명히 말했다. 하지만 하주노가 누구인가? 아직도 수많은 광팬을 거느린 아이돌 스타이자, 강남 최고의 금딱지가 아닌가. 그리고 가까워졌나 싶으면 갑자기 냉담하게 돌아서 버리는 변덕쟁이이기도 했다. 주노가 다시 싸늘한 얼굴로 "여친이라니, 무슨 잠꼬대야?"라고 쏘아붙일 것만 같아 이지는 두려웠다.

부우우우-

침대로부터 멀찍이 떨어진 책상 위에서 핸드폰이 다시 진동했다. 이지가 책상으로 다가가 폰을 집었다.

"이 시간에 대체 누가 계속 전화를 걸지? 여보세요……?"

전화를 받은 이지는 깜짝 놀랐다. 갑자기 주노의 노랫소리가 흘러나왔기 때문이다.

아침이 오는 소리에 문득 잠에서 깨어

내 품안에 잠든 너에게

워우우 워우워어

너를 사랑해

내가 힘겨울 때마다 너는 항상 내 곁에

따스하게 어깨 감싸며

워우우 워우워어

너를 사랑해

영원히 우리에겐 서글픈 이별은 없어

때로는 슬픔에 눈물도 흘리지만

언제나 너와 함께 새하얀 꿈을 꾸면서

하늘이 우리를 갈라놓을 때까지

워우우 워우워어

너를 사랑해

핸드폰 너머에서 주노는 감미로운 목소리로 노래를 부르고 있었다. 숨소리마저 죽인 채 듣고 있던 이지는 갑자기 코끝이 찡해졌다. 주노가 이번만큼은 잊지 않은 것이다. 그와 자신이 메이드와 주인이 아니라 남친과 여친이 되었다는 사실을.

사실 이 감동스런 모닝콜은 지난밤 이미 약속된 것이었다. 이지는 한사코 저택으로 돌아와 달라는 주노에게 몇 가지 조건을 내걸었다. 조건은 다름이 아니라, 이지가 평소 남친이 생긴다면 해 보고 싶었던 일들을 함께해 달라는 것이었다.
　이지가 주노에게 제시한 조건은 이랬다.

　① 직접 노래를 불러 모닝콜 해주기
　② 나란히 등교하기
　③ 도시락 싸서 같이 먹기
　④ 나란히 앉아서 공부하기
　⑤ 찜질방에서 양머리하고 계란 까먹기
　⑥ 영화 보며 팝콘 먹기
　⑦ 노래방 가기
　⑧ 놀이공원에서 청룡열차 타기

　여덟 가지나 되는 조건 중 주노는 방금 제 ①항목을 실천한 것이다. 마침내 노래가 끝났지만 이지의 마음속에서는 진한 여운이 계속되고 있었다. 잘 잤느냐는 주노의 친근한 목소리를 듣고서야 이지는 가까스로 정신을 차렸다.
　"모닝콜 어땠어?"
　"조, 좋았어요."

"씻고 아래층으로 내려오도록 해."
"예."

"뭐하는 거예요……?"
 주방으로 들어서다가 이지는 눈이 휘둥그레졌다. 주노가 깜찍한 곰돌이 앞치마를 두른 채 김밥을 싸고 있었기 때문이다. 천하의 하주노가 곰돌이 앞치마라니? 이지는 입을 쩍 벌린 채 방금 만 김밥을 신중하게 썰고 있는 주노를 향해 다가갔다.
"선배가 김밥도 쌀 줄 알아요?"
"물론 처음이야. 이걸 준비하느라고 새벽같이 일어나서 인터넷을 뒤졌다고."
"……!"
 놀라는 표정을 짓는 이지를 향해 주노가 방금 썬 김밥을 내밀었다.
"아~ 해 봐."
 햄, 단무지, 달걀, 우엉 등이 들어간 엉성한 김밥을 멍하니 보다가 이지는 수줍게 입을 벌렸다. 주노가 쏘옥 넣어 준 김밥을 우물거리며 이지는 여전히 놀란 표정으로 주노를 보았다. 주노는 살짝 불안한 얼굴로 물었다.
"맛이…… 어때?"
 솔직히 맛은 그저 그랬다. 김밥은 원래 밥에 양념을 해야 맛있는데, 그걸 빼먹은 것이다. 그리고 단무지를 두 개씩이나 넣어 조금 짰다.

하지만 이지는 망설이지 않고 양손 엄지를 치켜세웠다. 천하의 하주노가 직접 말아준 특별한 김밥이 아니던가.

"남친이 싸준 도시락 나눠 먹고 싶다고 했지? 오늘 점심은 김밥 먹자."

"정말 고마워요."

"네가 하고 싶다고 한 거 다 하게 해 줄게."

벅찬 감동을 이기지 못하고 이지의 눈가에 살짝 물기가 맺혔다. 하지만 이지는 어금니를 깨물며 참았다. 오늘만은 울고 싶지 않았다. 하주노가 진짜 남자친구로 다가온 상쾌한 여름 아침에만은.

"저, 저게 누구야?"

"주노 선배와 윤이지잖아?"

"스캔들이 터진 지 얼마나 됐다고 나란히 등교를 하지?"

오존층의 파괴 따위는 느껴지지 않는 햇살을 받으며 나란히 교문을 통과하는 이지와 주노를 나래중학교 학생들이 황당한 듯 돌아보았. 안 그러려고 노력했지만 이지는 자꾸 시선이 땅바닥으로 향했다. 왠지 죄인이 된 기분이랄까. 저 불여우가 주노 선배에게 또 무슨 짓을 한 걸까? 이렇게 외치는 듯한 학생들의 따가운 시선이 자꾸 이지를 위축시켰다.

"고개 들어."

"예?"

"고개 들고 당당하게 걸으라고. 오늘은 우리가 사귀기로 한 첫 번째

날이야."

 진지한 주노의 얼굴을 이지가 멍하니 돌아보았다. 그리고 이내 고개를 크게 끄덕였다.

 "알겠어요."

 그때부터 이지는 절대로 고개를 숙이지 않았다.

 "저 뻔뻔스런 얼굴 좀 보라지."

 "주제 파악도 못 하고 감히 주노 선배를 넘보다니."

 "윤이지 쟤는 부끄러운 줄도 모르나 봐."

 학생들의 눈빛이 더욱 적대적으로 변했지만 이지는 애써 무시했다. 주노의 말대로 오늘은 자신들이 사귀기로 결심한 역사적인 첫날인 것이다. 게다가 하늘도 축복하는 것처럼 청명한 코발트빛이고 한여름답지 않게 바람은 상쾌하지 않은가. 절대 부끄러워하지 않을 거야. 내가 부끄러워하면 우리의 사귐도 부끄러운 짓이 될 테니까. 이지가 결심을 다지고 있을 때, 주노가 살며시 손을 잡아 왔다.

 이지와 주노는 손을 맞잡은 채 적의에 찬 나래중학교 학생들 사이를 당당하게 걸어갔다.

 "윤이지, 너 정말……?!"

 이지는 주노와 손을 잡은 채 교실로 향하다가 하필이면 복도에서 세라와 딱 마주치고 말았다. 세라가 성난 눈으로 이지와 주노를 노려보았다. 잠시 당황하던 이지는 결심을 굳힌 표정으로 말했다.

"너한테는 정말 미안해, 세라야. 하지만 이제는 숨길 수 없을 것 같아. 나도 너만큼이나 주노 선배를 좋아하고 있어."

세라가 내뱉듯이 말했다.

"선배의 메이드일 뿐이라며? 눈곱만큼도 선배를 좋아하지 않는다며?"

"그때는 정말 그러려고 했어. 주노 선배는 나와 어울리지 않으니까 절대로 좋아하거나 하지 말자고 결심했었어. 그런데……."

이지가 말끝을 흐리자 주노가 대신 말했다.

"내가 떠나려는 이지를 붙잡았어. 이지 이 녀석을 진심으로 좋아하고 있다는 걸 뒤늦게 깨달았거든. 왜 우리가 사귀는 데 너의 허락까지 받아야 하는지 모르겠지만, 어쨌든 이지가 널 굉장히 신경 쓰는 것 같으니까 부탁하도록 하지. 이지와 내가 잘 사귈 수 있도록 네가 도와주면 고맙겠다."

"하하."

세라가 실소했다.

"선배와 이지가 어울린다고 생각해요? 이지는 우리와는 다른 아이예요. 손바닥만 한 집에서 살고, 아빠는 실업자에 엄마는 파출부로 일하는 그런 아이라고요."

"……."

주노는 입을 굳게 다문 채 세라의 얼굴을 뚫어져라 보았다. 주노의 표정이 냉담하게 변했다.

"그래서 나와 이지의 사진을 인터넷에 유포시켰니? 그렇게 친구를 곤경에 빠뜨리고 나니까, 속이 후련했어?"

"서, 선배……."

"네가 한 짓이 아니라고는 하지 마. 이미 다 알고 있으니까."

입술을 깨문 채 가늘게 떨고 있던 세라의 입가에 냉소적인 미소가 떠올랐다.

"그래요, 내가 그랬어요. 그렇게 해서라도 이지를 선배한테서 떨어뜨리고 싶었으니까요."

"정세라, 너 정말 최악이구나……."

"……!"

주노가 싸늘히 내뱉자 세라의 안색이 핼쑥해졌다. 주노는 세라를 쏘아보며 차갑게 말했다.

"경고해 둘게. 앞으로 너 때문에 이지가 괴롭힘을 당한다는 소문이 들리면 이 하주노가 직접 상대해 주겠어."

세라는 대꾸하지 않았다. 그러나 이지는 세라의 얼굴이 절망과 분노로 일그러지는 것을 똑똑히 보고 있었다. 이지는 세라에게 진심으로 사과하고 싶었다. 본의는 아니었지만 자신의 거짓말이 세라에게 씻을 수 없는 상처를 준 것이다.

"세라야……."

친구에게 한 걸음 다가서려던 이지는 갑작스런 목소리에 멈칫했다

"사진을 인터넷에 유포시킨 건 세라만의 책임이 아니야."

"필립……?"

세라의 등 뒤로 다가오는 필립을 발견한 이지가 신음처럼 중얼거렸다. 필립이 세라의 옆에 서서 이지의 얼굴을 똑바로 보았다.

"사실 세라한테 사진을 인터넷에 퍼뜨리라고 부추긴 사람은 바로 나야."

"대체 왜……?"

주노에게 시선을 옮기는 필립의 표정이 사납게 변했다.

"이지를 골탕 먹일 생각은 없었어. 하지만 하주노에겐 한 방 먹이고 싶었지. 멤버들은 아랑곳하지 않고 제 멋대로 3P를 해체시킨 이기적인 녀석이니까."

"……."

이지는 할 말을 잃고 필립의 얼굴을 바라보았다. 필립이 이지를 향해 머리를 숙였다.

"이지한테 피해를 입힌 것에 대해선 정식으로 사과할게. 화가 풀리지 않는다면 나를 몇 대쯤 때려도 괜찮아."

이지가 씁쓸히 미소 지으며 고개를 흔들었다.

"필립은 내가 힘들 때마다 도와준 친구인걸."

"그렇게 생각해 준다니 고맙네. 말 나온 김에 충고 한 마디 할게."

"무슨……?"

필립이 다시 주노를 째려보았다.

"지금이라도 하주노에게서 떨어져. 저 녀석은 원래 이기적인 인간이라 언젠가는 반드시 주위의 사람들을 내팽개치거든. 이지처럼 착한 아이는 큰 상처를 입고 말 거야."

주노가 더 이상 참지 못하고 필립에게 다가갔다.

"야! 너 선배한테 무슨 말버릇이야?"

"참아요!"

이지가 양팔을 벌려 주노를 막았다.

"왜 나한테만 참으라는 거야?"

"이유야 어찌됐든 우리는 두 친구에게 상처를 입혔어요. 그러니까 친구들의 마음이 풀릴 때까지 꾹 참아야 한다고요."

주노는 마지못해 고개를 끄덕였다. 그리고 이지의 이마를 손가락으로 두드리며 싱긋 웃었다.

"점심시간에 학교 뒤편 아카시아 동산에서 만나기로 한 거 잊지 마."

"잊지 않아요."

주노가 세라와 필립을 한 번 째려봐 주곤 돌아섰다. 이지는 세라에게 다가갔다.

"세라야."

"말 시키지 마. 이젠 네 목소리만 들어도 소름이 끼쳐."

"……!"

교실로 들어가는 세라의 뒷모습을 지켜보며 이지는 땅이 꺼져라 한숨을 쉬었다. 필립이 이지 앞으로 다가왔다.

"주노와 화해하기로 한 거야?"

"으…… 응."

"부모님이 허락하셨어?"

"엄마는 한바탕 난리를 피웠지. 하지만 내가 고집을 부렸어. 아빠와 엄마 두 분 다 일을 안 하고 계시는 상황에서 내 월급이 필요하기도 했고."

"그래서 너는 만족해?"

잠시 고민하던 이지는 솔직하게 대답하기로 했다. 그것이 어려울 때마다 위로가 되어 준 필립에 대한 예의가 될 테니까.

"지금이 태어나서 가장 행복한 순간이 아닌가 생각하고 있어."

"으음……."

필립의 얼굴에 짙은 그늘이 드리워졌다. 이지가 진심을 담아 말했다.

"미안해, 필립."

"미안하다고 하지 마."

필립이 미소를 지으며 이지의 얼굴을 똑바로 쳐다보았다.

"나는 이지가 언젠가는 나에게 돌아올 거라고 믿어. 그러니까 미안하다는 말 따윈 하지 않아도 된다고."

"필립……."

"교실로 들어가자. 곧 수업이 시작될 거야."

"아……!"

필립을 따라 교실 안으로 들어서던 이지는 신음을 흘리고 말았다.

수십 개의 눈동자가 이지를 주시하고 있었다. 적의 어린 눈빛들은 이지를 발가벗길 기세였다. 그제야 이지는 깨달을 수 있었다. 자신은 결국 나래중학교에서 이방인일 수밖에 없는 것이다. 자신처럼 평범한 아이는 부유한 친구들과 절대로 섞일 수가 없는 것이다. 그런 주제에 모든 친구들이 동경하는 주노와 사귀겠다고 했으니, 비난이 쏟아지는 것도 당연했다.

'아…… 이대로 도망쳐야 하나?'

잠시 고민하던 이지는 참아내기로 했다. 여기서 달아나면 결국 주노와 사귈 자격이 없는 것이라는 생각이 들었다.

'신은 원래 공평하셔. 그렇게 멋진 남친을 내려 주셨는데, 이 정도 시련쯤은 당연하지.'

이지는 자신의 자리를 향해 천천히 걸음을 옮겼다. 옆자리에 앉은 세라의 싸늘한 눈빛이 이지를 더욱 힘들게 했다.

"오늘은 지구의 물질과 에너지의 순환에 대해 배워 보자. 지금 이 순간에도 지구에서는 끊임없이 변화가 일어나고 있단다. 이런 변화가 가능하려면 에너지가 필요한데, 지구에 가장 큰 영향을 미치는 것은 바로 태양 에너지란다."

과학 수업을 들으며 이지는 외딴섬에 고립된 느낌을 받았다. 오전의 햇살이 비추는 교실은 조용했고, 친구들은 수업에 열중하고 있었다. 하지만 이지는 반 전체가 자신을 밀어내고 있음을 느낄 수 있었다. 친구들은 하나의 바다가 되어 작은 섬에 갇힌 자신을 향해 파도를 철썩이고 있는 것이다. 밖으로 나오기만 해 봐. 단숨에 집어삼켜 버릴 테니.

이지는 옆자리에서 묵묵히 수업을 듣는 세라를 힐끗 보았다. 세라는 지난번처럼 자리를 옮기거나 하지는 않았다. 그것이 오히려 이지를 불안하게 만들었다. 이지에게 그나마 호의적인 친구라면 등 뒤에 앉아 있는 필립이 유일했다. 하지만 이런 살벌한 분위기에선 필립도 별 도움이 되지 못할 것이다.

가슴이 조여드는 듯 불안했지만 이지는 참아냈다. 이제 몇 분만 지나면 오전 수업이 끝나고 점심시간이다. 그러면 아카시아 동산으로 올라가 주노와 함께 그가 직접 만든 도시락을 먹을 수 있는 것이다.

시간은 아주 느리게 흘렀다. 그리고 마침내 영원히 울리지 않을 것 같던 수업 종료 벨소리가 들려왔다.

"와아~ 점심시간이다!"

너무 반가운 나머지 이지는 벌떡 일어나 양팔을 쳐들었다. 아직 교실에 남아 있던 선생님이 황당한 듯 이지를 쳐다보았다. 반 친구들도 곱지 않은 시선으로 이지를 보고 있었다.

"윤이지, 아침 안 먹었니?"

"예에······."

"녀석도 원. 점심 맛있게 먹어라."

선생님이 교실을 빠져나가자마자 이지도 서둘러 교실을 나서려 했다. 그때, 세라가 이지를 불러세웠다.

"윤이지."

"으응?"

불안한 듯 돌아보는 이지의 얼굴을 세라가 감정이라곤 담기지 않은 눈으로 쳐다보았다.

"주노 선배 만나러 가니?"

"……."

이지는 잠시 고민하다가 사실대로 말하기로 결심했다.

"맞아."

"같이 점심이라도 먹기로 했나 보지?"

"으응…….."

세라의 입가에 냉소적인 미소가 떠올랐다.

"하긴, 즐길 수 있을 때 실컷 즐겨두는 게 좋겠지."

"무슨 소리야?"

"너와 주노 선배는 어차피 해피엔딩이 될 수 없어. 그건 내가 장담해. 그러니까 지금 실컷 즐겨두란 말이야."

세라의 눈이 얼음조각처럼 차갑게 빛났다.

"그래야 짧은 행복이 끝나고 찾아올 길고 긴 고통의 시간을 견딜 수 있을 테니까."

이지는 입을 살짝 벌린 채 세라의 얼굴을 멍하니 보았다. 과연 한때 가장 친한 친구였는지 의심스러울 정도로 세라는 무서운 표정을 짓고 있었다. 이지는 결국 아무 대거리도 못 하고 돌아섰다. 지금은 최대한 빨리 주노의 곁으로 가고 싶은 생각뿐이었다.

"여기야, 여기!"

여름이 깊어가는 동산에 아카시아 꽃이 하얗게 피어났다. 한여름의 나뭇가지에 꼭 눈이 소복이 쌓인 것 같았다. 몽환적인 풍경 한복판에서 주노는 반갑게 손을 흔들고 있었다. 세라 때문에 어두운 표정을 짓고 있던 이지의 입가에 그제야 미소가 피어올랐다. 벤치 위에 노란색 식탁보를 깔고, 그 위에 도시락을 펼쳐 놓은 주노 옆에 이지는 냉큼 앉았다.

"배고프지?"

"코끼리라도 먹어치울 수 있을 것 같아요."

"윽! 무슨 여자애가 코끼리를 먹겠다고 하냐?"

질겁하는 주노를 향해 이지는 짐짓 눈을 치켜떴다.

"왜요, 싫어요?"

"하하……! 내가 언제 싫대? 나중에 코끼리 고기 꼭 먹여 줄게."

"지금은 이 김밥으로 대만족이에요."

이지가 김밥 하나를 입에 넣으며 빙그레 미소를 지었다. 김밥은 여전히 밍밍하고 짭짤했다. 그래도 이지는 아카시아 하얀 꽃그늘 아래에서 먹는 이 김밥이 지금껏 먹어 본 김밥 중에 가장 맛있는 김밥이라고 확신했다.

'주노 선배와 너는 어차피 해피엔딩이 될 수 없어.'

어디선가 세라의 차가운 목소리가 들려오는 것 같았다. 주노의 앙 벌린 입안으로 김밥을 넣어 주며 이지는 신경 쓰지 않기로 했다. 설령 세라의 말처럼 된다 해도 미래가 두려워 현재의 행복을 포기하고 싶지는 않았다.

2
그의 엄마

    길고 긴 하루였다. 담임의 종례가 끝나자마자 이지는 친구들의 따가운 눈총을 뒤로하고 교실 문을 향해 빠르게 걸음을 옮겼다.
    "꺄악!"
    문 앞에서 이지는 누군가의 발에 걸려 넘어졌다. 뒤를 돌아보니 서너 명의 여자아이들이 이지를 째려보며 서 있었다.
    "왜, 왜들 그래?"
    여자아이 하나가 냉담하게 웃으며 말했다.
    "윤이지, 세라한테 사과라도 해야 하는 거 아니니?"
    나머지 아이들도 한 마디씩 거들었다.
    "세라가 너 때문에 얼마나 힘들어 하는데?"
    "겉으론 순진한 척하면서 어떻게 그런 앙큼한 짓을 하지?"

대꾸 한 마디 못 하고 주저앉아 있는 이지를 도우려 필립이 다가갔다. 하지만 필립은 이지를 구할 수 없었다. 그가 미처 행동을 취하기 전에 문이 벌컥 열리며 주노가 모습을 드러냈기 때문이다.

"······!"

주노가 등장하자 기세등등하던 여자아이들이 꿀 먹은 벙어리가 되었다. 눈을 치켜뜨고 여자아이들을 째려보던 주노가 이지를 향해 손을 내밀었다.

"일어나."

이지가 주노의 손을 잡고 일어섰다. 순간 주노가 이지의 어깨를 확 끌어안았다. 이지는 깜짝 놀라 떨어지려고 했지만 주노는 이지를 놓아주지 않았다. 그 상태에서 주노가 여자아이들을 향해 낮게 깔린 소리로 말했다.

"이지는 내 여친이야. 그러니까 앞으로 이지한테 할 말이 있다면 나한테 해 주면 고맙겠어. 내 말 무슨 뜻인지 알겠지?"

"예······ 예······."

기가 질린 여자아이들이 간신히 고개를 주억였다. 이지를 데리고 돌아서는 주노의 뒷모습을 보며 필립은 한숨을 몰아쉬었다. 하주노는 늘 자신보다 한 발 빠른 것이다. 그런 필립의 등 뒤에서는 세라가 머리끝까지 화가 치밀어 부들부들 떨고 있었다.

한여름의 화창한 오후, 날씨는 무더웠다. 플라타너스가 울창한 거리를 이지와 주노는 나란히 걸었다. 이지의 표정은 밝지 않았다. 하루 종일 반 친구들의 적대감에 시달린 이지는 약간 침울한 상태였다. 누군가의 무조건적인 적의는 사람을 지치게 만든다. 주노가 이지를 힐끗 돌아보았다. 그늘이 드리운 이지의 옆얼굴을 물끄러미 바라보던 주노가 싱긋 웃었다.

"우리 갈까?"

"가요? 어딜요?"

"따라와 봐."

어리둥절한 이지는 주노의 손에 이끌려 뛰어갔다.

"여…… 여긴……?"

이지는 눈을 동그랗게 뜨고 주노가 자신을 이끌고 온 장소를 둘러보았다. 편안한 실내복 차림의 사람들이 수건을 양머리 모양으로 말아 올린 채 구운 달걀을 까먹고 있는 그곳은 바로 찜질방이었다. 주노가 한쪽 눈을 찡긋했다.

"찜질방 같이 가기. 남친이 생긴다면 해 보고 싶은 일 중 ⑤번이었든가, ⑥번이었든가?"

"선배……?"

이지는 감격스러워 코끝이 찡해졌다. 학교에서의 안 좋았던 기억들이 순식간에 사라졌다.

"자, 들어가자."

주노가 이지의 손을 잡고 안으로 들어갔다. 옷을 갈아입은 두 사람은 오후의 햇살이 환하게 비추는 홀에서 만났다.

"하하하!"

"깔깔깔!"

서로의 양머리를 가리키며 이지와 주노는 배꼽을 잡고 웃어젖혔다.

"이지 너 꼭 바보 양 같아."

"선배는 심술꾸러기 양 같아요."

"뭐야?"

"농담이에요, 농담."

주노가 구운 달걀과 식혜를 사 왔고, 두 사람은 한증막으로 들어가 계란을 까먹기 시작했다. 땀을 흘리며 먹는 계란은 별미였다. 거기에 얼음이 동동 뜬 식혜를 한 모금 들이키면…… 카아!

찜질방에서 이지와 주노는 많은 이야기를 나누었다. 유치원 때 짝사랑했던 선생님, 초등학생 때 매일 다퉜던 악동 친구 그리고 과거의 아픔과 미래의 꿈에 대해서.

이지가 문득 진지하게 물었다.

"왠지 선배한테는 힘든 일 따윈 없었을 것 같아요."

"으음……."

잠시 생각에 잠겨 있던 주노가 가라앉은 목소리로 말했다.

"나에게는 우리 엄마와의 관계가 힘든 일이야."

"엄마와의 관계요……?"

고개를 갸웃하며 이지는 자신의 엄마에 대해 생각해 보았다. 물론 보통 엄마들보다는 철이 없는 엄마가 분명했지만, 주노처럼 심각한 표정으로 말할 정도는 아니었다.

"우리 아빠는 내가 어렸을 때 돌아가셨어. 나는 유치원 때 다른 친구들과는 달리 내게는 아빠가 없다는 걸 깨달았는데, 그때부터 엄마의 사랑을 조금이라도 더 받으려고 집착했던 것 같아. 내게는 아빠가 없으니까 엄마한테 두 배의 사랑을 받아야 공평하다고 생각했던 거야. 그런데 엄마는 너무 바빴어. 내가 칭얼거리면 엄한 얼굴로 강해져야 한다고 꾸짖곤 하셨지. 내 마음속에는 아직도 천둥치는 밤에 혼자 이불을 뒤집어쓴 채 울고 있는 어린 내가 살고 있어. 그 아이는 엄마의 무조건적인 사랑을 바라지만 엄마는 여전히 바쁘지. 대체 엄마에게 자기 아들보다 중요한 일이란 무엇일까……?"

한숨 섞인 목소리로 중얼거리는 주노의 얼굴을 이지가 멍하니 바라보았다. 이지의 커다란 눈망울은 어느새 촉촉이 젖어 있었다.

이지가 주노를 와락 끌어안으며 눈물을 터뜨렸다.

"아픈 곳을 건드려서 미안해요, 선배!"

"괜찮아…… 괜찮아……."

이지의 등을 토닥이며 주노가 푸근하게 미소 지었다.

"시곌 보며 속삭이는 비밀들~ 간절한 내 맘속 이야기~ 지금 내 모습을 해쳐도 좋아~ 나를 재촉하면 할수록 좋아~ 내 이름 불러 줘~

♩♪~ ♬~"

 한 시간쯤 후, 이지와 주노는 노래방에서 마이크를 잡고 나란히 노래를 열창 중이었다. 이지는 노란 가발을, 주노는 빨간 가발을 쓰고 둘 다 반짝이 셔츠를 입은 채 맹렬히 탬버린을 흔들었다.

 찜질방을 나선 주노가 이지를 다시 노래방으로 데려온 것이다. 그리고 두 사람은 알고 있는 유행곡이란 유행곡은 모조리 불렀다. 신 나고 행복한 시간이었다. 이지는 어느새 자신을 싸늘히 바라보던 세라의 눈빛도, 적대감을 드러내던 반 아이들의 얼굴도 잊었다. 넓은 세상에 오직 자신과 주노밖에 없는 것 같았다.

 "네가 있을 미래에서~ 혹시 내가 헤맨다면~ 너를 알아볼 수 있게~ 내 이름을 불러 줘~♬~"

 이지가 마지막 후렴구를 부르며 주노의 눈을 바라보았다. 주노의 눈은 별처럼 빛을 발하고 있었다. 이지는 자신의 눈빛도 다르지 않을 거라고 생각했다. 이지가 마음속으로 속삭였다.

 '선배, 혹시라도 새로운 시련이 닥쳐 우리가 이별의 안개 속을 헤매게 되더라도 내 이름을 불러 줘요. 그럼 내가 꼭 선배를 찾아갈게요.'

 무더운 저녁, 아직 완전히 어두워지지 않은 거리에 가로등이 하나둘 밝혀지기 시작했다. 온종일 더위에 지쳤다가 저녁 바람에 생기를 되찾은 사람들로 넘실거리는 강남대로를 이지와 주노는 손을 잡고 걸었다. 이지는 주위를 스쳐 지나가는 낯선 사람들의 얼굴조차 친근하게 느껴졌다. 그리고 그들도 비슷한 시선으로 자신을 보는 것 같았다. 하지만 오직 하나의 시선만은 적의를 가득 담은 채 자신들을 쏘아보고 있음을 이지는 미처 알아차리지 못했다.

더위에 지쳐 축 늘어진 플라타너스 나무 아래에서 세라가 나란히 옆을 스쳐지나가는 이지와 주노를 째려보고 있었다. 세라는 하루 종일 두 사람을 쫓아다녔던 것이다. 세라의 입가에 냉담한 미소가 떠올랐다.

"아주 꿈같은 시간을 보내고 계시군. 미안하지만 이제 그만 꿈에서 깨어날 시간이야."

세라가 핸드폰을 꺼냈다. 그리고 어렵게 알아낸 전화번호를 누르기 시작했다. 핸드폰 너머에서 유창한 프랑스어가 흘러나왔지만 세라는 당황하지 않고 한국말로 대답했다.

"안녕하세요. 저는 한국에서 주노 선배와 같은 학교에 다니는 후배 정세라라고 합니다. 어머님과 친분이 있는 한국대학교 총장님이 바로 저희 숙모님이세요."

"오, 그래요? 그런데 세라 양이 웬일로 나한테 전화까지 해 주었지?"

교양이 뚝뚝 흐르는 목소리를 들으며 세라는 눈을 반짝 빛냈다.

"실은 주노 선배의 신상에 걱정하실 만한 사건이 생겨서요. 당장이라도 한국으로 오시는 게 좋을 것 같습니다."

저택으로 돌아온 이지는 저녁 식사를 준비했다. 기획사의 송 사장이 파견한 메이드들을 내보냈기 때문에 저택에는 오직 이지와 주노뿐이었다. 이지가 해물 파스타를 준비하고 있는데, 주노가 주방으로 들어와 앞치마를 둘렀다.

"나도 도울게."

"괜찮아요. 온종일 고생했으니까 쉬고 있어요."

"지금 무슨 말을 하는 거야?"

주노가 갑자기 정색을 하자 이지는 당황했다.

"오늘 한 일들은 너만 원하던 게 아니야. 나도 여친이 생기면 꼭 해 보고 싶었던 일들이라고. 그러니까 내가 너한테 뭘 해 줬다고 생각하지 말고, 우리 둘이 함께 즐겼다고 생각해 주면 고맙겠어."

아…… 이 남자는 나를 감동시켜 쓰러뜨리려고 작정한 것일까? 이지는 가슴을 떨며 주노의 얼굴을 바라보았다.

결국 두 사람은 나란히 저녁 식사를 준비했다. 그리고 일층 거실의 널찍한 창문 옆에서 해물 파스타를 맛있게 먹었다. 모든 것이 만족스러운 저녁이었다.

저녁을 먹은 후에는 주노의 방에 나란히 앉아 공부를 했다. 주노는 밤 열 시가 다 되도록 책에서 눈을 떼지 않았다. 원래 공부와 친하지 않은 이지는 연신 하품을 했다.

"으하암~ 벌써 열 시가 넘었네요?"

쩍 벌린 입을 손바닥으로 가린 이지를 주노가 힐끗 보았다.

"아까부터 계속 지켜보고 있었는데, 이지 너 한 시간째 같은 페이지만 보고 있더라."

"하하……. 종일 돌아다녔더니 너무 피곤해서요. 오늘은 그만하고 자면 안 될까요?"

"정 그렇다면 할 수 없지."

간신히 풀려난 이지가 침대에 벌러덩 드러누웠다. 그리고 널찍한 침대 위를 뒹굴며 중얼거렸다.

"아아~ 오늘은 왠지 잠이 잘 올 것 같아요."

"그래서 지금 내 침대에서 함께 자겠다는 거야?"

"……!"

주노가 침대 옆으로 다가와 묻자 이지는 흠칫 놀랐다. 그러고 보니 이곳은 주노의 방인 것이다.

"으악! 어디까지나 착각이었다고요!"

얼굴이 새빨개진 이지가 방문을 쿵 닫고 도망쳐 버렸다. 닫힌 방문을 쳐다보며 주노는 장난스럽게 웃었다.

자신의 방으로 돌아와 침대에 누웠지만 이지는 쉬 잠들지 못했다. 가슴이 쿵쿵거려 도저히 잠을 잘 수가 없었다.

"주노 선배가 두고두고 놀릴 텐데, 어쩌면 좋아."

주노의 침대에서 뒹굴었다는 생각만으로도 얼굴이 화끈거렸다. 결국 이지는 잠드는 것을 포기하고, 거리의 책장수 할아버지에게서 선물 받은 '세기의 로맨스'를 펼쳤다.

　이 책을 선물 받은 후 참 많은 일들을 겪었다. 주노 때문에 힘들어 할 때마다 갑자기 먼 과거로 뚝 떨어져 헨리 8세와 앤 블린을 만났고, 샤 자한과 뭄타즈 마할을 만났고, 나폴레옹과 조세핀을 만났고, 세종과 소헌왕후를 만났고, 조지 워싱턴과 마사 커티스를 만났다. 이지는 그들의 사랑을 곁에서 지켜보며 사랑의 의미를 조금씩 깨우치게 되었다. 꿈인지 현실인지 아직도 경계가 모호한 여행들을 통해 얻은 깨달음 덕분에 모든 어려움을 이겨내고 주노처럼 멋진 남친을 갖게 되었다고 이지는 생각했다.

　"이 책을 읽으면 꿈꾸던 사랑을 이루게 된다네, 꼬마 아가씨."

　책을 선물하며 할아버지는 예언했었다. 그리고 예언은 정확히 들어맞았다. 사랑이 이루어졌으니, 이제부턴 낯선 세계로 떨어지는 타임슬립도 일어나지 않을지 모른다. 그런 생각을 하자 살짝 아쉬운 기분마저 들었다.

　"그동안 고마웠어. 네 덕분에 주노 선배를 향한 짝사랑이 이루어졌다고 믿고 있어."

　세기의 로맨스 중 여섯 번째 이야기, '아우구스투스와 리비아' 편을 펼치며 이지는 중얼거렸다. 그리고 곧 로마 최초의 황제가 된 남자와 그를 사랑한 소녀의 감동적인 사랑 이야기에 푹 빠져들었다. 밤늦게까지 책을 읽다가 이지는 잠이 들었다. 그녀 옆에는 '아우구스투스와 리비아' 편이 펼쳐진 채였다.

번쩍- 콰르르릉!

그날 밤, 천둥벼락이 몰아쳤다. 비바람과 함께 창문 밖에서 번갯불이 번뜩였다. 그 소리에 놀란 이지가 새벽녘 깨어났다. 환해진 창문을 돌아보는 이지의 얼굴도 하얗게 물들었다. 이지는 어려서부터 유독 천둥과 벼락을 무서워했다. 지금도 그녀는 천둥이 울리고, 벼락이 내리치는 밤이면 엄마와 아빠의 사이로 파고들곤 했다. 그런데 지금은 엄마도, 아빠도 없는 것이다.

"꺄아악!"

방 전체가 환해지며 세상을 끝장낼 듯한 천둥소리가 울리자 이지는 귀를 틀어막고 비명을 질렀다. 이불을 뒤집어쓴 채 벌벌 떨던 이지가 더 이상 견디지 못하고 방문을 박차고 나갔다. 주노의 방문을 열고 뛰어든 이지는 앞뒤 가릴 것 없이 그의 침대로 기어들었다. 다행히 주노는 깨지 않았다. 이지는 비를 피해 날아든 새처럼 그의 발언저리에 웅크렸다.

아침이 되자 비는 거짓말처럼 그쳐 있었다. 비가 내린 후의 선명한 햇빛을 얼굴 가득 받으며 이지와 주노는 같은 침대에서 눈을 떴다. 눈을 비비며 상체를 일으키던 이지가 그제야 주노를 발견하고 비명을 질렀다.

"남의 침대로 뛰어들 땐 언제고 이제와 비명을 지르고 그래?"

"미, 미안해요. 내가 원래 천둥치는 밤을 무서워해요."

"사과할 필요는 없어. 지독하게 코를 고는 것만 빼면 별로 불편하지도 않았으니까."

"내가 코를 골았어요?"

질겁하는 이지를 향해 주노가 피식 웃었다.

"농담이야, 농담."

"너무해요."

이지가 주노를 째려볼 때, 낯선 목소리가 들려왔다.

"그 친구가 윤이지란 아이구나?"

"……!"

이지와 주노는 동시에 눈을 부릅뜨고 소리 나는 쪽을 돌아보았다. 방문 앞에서 팔짱을 끼고 서 있는 중년 부인의 모습이 들어왔다. 몸에 착 붙는 정장을 입은 부인은 굉장히 아름답고 도도해 보였다.

대체 저 예쁜 아줌마는 누군데 남의 침실에 들어와 있지? 이지의 궁금증을 주노가 침대에서 일어서며 풀어 주었다.

"엄마가 갑자기 웬일이세요?"

"어, 엄마라고요……?!"

이지도 주노를 따라 용수철처럼 펄쩍 뛰어올랐다. 주노와 나란히 서서 이지는 울상을 지었다.

'첫 만남부터 선배와 한 침대에서 자고 있는 모습을 들키다니! 선배의 어머니가 날 어떤 아이로 생각하시겠어?'

당황하는 이지의 얼굴을 주노의 엄마가 희미하게 미소 지으며 바라보고 있었다. 힐끗 고개를 쳐들던 이지는 그만 그녀와 눈이 딱 마주치고 말았다. 이지가 자동으로 허리를 숙였다.

"아, 안녕하세요? 저는 윤이지라고 합니다. 주노 선배의 학교 후배이자 이 저택의 메이드로 일하고 있습니다. 앞으로 많이 이용해 주십시오."

"호오~ 이용해 달란 말이지?"

주노 엄마가 재미있다는 듯이 피식 웃었다. 으이그~ 대체 뭘 이용해 달라는 거냐? 이지는 제 머리통을 쥐어박고 싶은 심정이었다.

이지를 구하기 위해 주노가 나섰다.

"이지는 그냥 메이드가 아니에요. 제 여친이기도 해요."

"여친이란 말이지?"

엄마의 미간이 살짝 찌푸려지는 것을 지켜보다가 주노는 분명한 목소리로 답했다.

"예, 여친이 맞아요."

"……."

주노의 엄마는 아무 말도 하지 않고 이지의 얼굴을 가만히 응시했다. 주노가 이번에는 이지에게 엄마를 소개했다.

"우리 엄마 이아진 여사. 어제까지만 해도 파리에 계셨는데, 어떻게 갑자기 여기 나타났는지는 나도 잘 모르겠네."

"아, 예……."

이지가 고개를 끄덕이며 이아진 여사의 눈치를 살폈다. 그리고 간신히 용기를 내어 변명했다.

"부디 오해는 말아 주세요. 지난밤 천둥소리에 놀라 선배의 침대로 뛰어들긴 했지만, 맹세컨대 걱정하실 만한 일은 눈곱만큼도 없었어요."

이아진 여사가 싱긋 웃었다.

"꼬마 아가씨, 변명은 나중에 해도 되니까 옷부터 갖춰 입는 게 어떨까?"

"으악!"

비로소 자신이 아직 잠옷 차림임을 깨달은 이지가 비명을 질렀다.

주노가 재빨리 자신이 입고 있던 니트를 어깨 위에 걸쳐 주었다. 그러고 나서 이아진 여사를 향해 착 가라앉은 음성으로 물었다.

"갑자기 한국에는 어쩐 일이세요?"

"우리 아들을 만나러 왔지."

주노의 입가에 냉소적인 미소가 떠올랐다.

"늘 바쁘신 엄마가 단지 아들이 보고 싶어 열두 시간을 날아왔다고요?"

"아무리 바빠도 아들을 잊은 적은 없단다."

"당연히 그러시겠죠."

냉담한 아들의 얼굴을 이아진 여사가 가만히 바라보았다. 그녀의 시선이 다시 이지에게로 향했다.

"엄마가 한국에 자주 들어오지 않는 건, 그만큼 아들을 믿는다는 뜻이야. 그런데 이런 서프라이즈한 이벤트까지 준비해 놓은 줄은 몰랐는걸."

"방금 이지가 설명했다시피 우린 어른들이 걱정하실 만한 일을 한 적이 없어요. 지난밤에는 천둥과 벼락 때문에……."

이 여사가 손을 뻗어 주노의 말을 막았다. 그리고 친근하게 미소 지으며 이지에게 악수를 청했다.

"이지 양, 만나서 반가워요. 우리 앞으로 친하게 지내봐요."

"예? 아, 예."

이지는 황송한 듯 그녀의 손을 잡았다.

하지만 친근하게 미소 짓는 이아진 여사의 얼굴을 주노는 뭔가 찜찜한 듯 바라보았다.

그날 오후, 수업이 끝나자마자 이지는 서둘러 교문 밖으로 나왔다. 오늘은 이아진 여사와 함께 쇼핑하기로 약속이 되어 있는 것이다. 막 교문을 빠져나오는 이지 바로 앞에 은색 벤츠 한 대가 미끄러지듯 멈춰 섰다. 운전기사가 달려 나와 뒷문을 열어 주자, 뒷좌석에 다리를 꼬고 앉아 있는 이 여사가 보였다. 자신의 옆자리에 앉는 이지에게 이 여사가 반가운 척을 했다.
"어서 와, 이지 양."
"일부러 데리러 와 주셔서 고맙습니다, 여사님."
"그냥 어머니라고 부르렴."
"예?"
"너는 주노의 여자친구 아니니? 그러니까 날 어머니라고 불러 주면 좋겠구나."
이 여사의 얼굴을 멍하니 바라보던 이지가 씩씩하게 대답했다.
"예, 어머니."

이지는 이아진 여사와 함께 강남 최고의 명품백화점인 S백화점으로 향했다. 이 여사는 이지를 데리고 여성 명품의류 매장으로 갔다. 예쁜 여자 매니저가 이 여사를 알아보고 헐레벌떡 달려 나왔다. 이 여사가 운영하는 세계적인 패션브랜드 '이시스'도 이곳에 입점해 있는 것이다.

"어서 오십시오, 회장님. 이시스 매장을 둘러보러 나오셨나요?"

이 여사가 옆에 서 있는 이지의 어깨에 손을 얹으며 싱긋 웃었다.

"오늘은 쇼핑을 하러 나왔어요. 이 친구가 입을 만한 옷을 골라 주었으면 해요."

"제, 제 옷이오?"

눈이 휘둥그레지는 이지를 보며 이 여사가 빙그레 웃었다.

"그래, 오늘은 이지 네 옷을 사 주러 나왔단다."

이지는 정신이 하나도 없었다. 매니저는 물론 점원 언니들까지 서너 명이 달라붙어 스무 벌이나 되는 옷을 입어보도록 했던 것이다. 이 여사는 매장 한복판에 놓인 푹신한 의자에 앉아 커피를 홀짝이며 이지의 모습을 감상했다. 그녀가 미간을 살짝 찌푸릴 때마다 이지는 자신의 의지와는 상관없이 다른 옷으로 갈아입었다.

이마에 송글송글 땀이 맺힌 채 청재킷에 그레이 톤의 미니 원피스를 입고 나타난 이지를 골똘히 바라보던 이아진 여사가 한숨 섞인 음성으로 중얼거렸다.

"아무리 좋은 옷을 입혀도 고급스러운 느낌이 나질 않는군. 역시 신분은 속일 수 없는 건가?"

"……!"

이지는 처음에는 잘못 들은 줄 알았다. 하지만 커피를 마시며 자신을 똑바로 쳐다보는 이 여사와 눈을 마주치고, 잘못 듣지 않았음을 알게 되었다. 그때부터 이지는 더욱 허둥대기 시작했다. 어떻게든 괜찮은 아이로 보이려고 필사적으로 노력했다. 더 많은 옷을 입어봤고, 더 환하게 미소 지었다.

이지는 옷을 갈아입는 것도 중노동이란 사실을 처음으로 알게 되었다. 이지가 마지막 옷을 입고 나타났을 때, 이 여사는 자리를 털고 일어서며 매니저에게 말했다.

"지금까지 입어본 옷 전부 포장해 줘요."

"저, 전부요?"

이지와 매니저가 동시에 입을 쩍 벌렸다. 이지가 이 여사를 향해 급히 말했다.

"스무 벌도 넘는 옷이에요. 저는 이렇게 많은 옷은 필요 없어요."

순간 이 여사의 표정이 냉담하게 변했다.

"우리 주노의 여자친구가 조금이라도 나아 보였으면 해서 사 주는 거란다."

이지는 그만 할 말을 잃고 말았다. 갑자기 자신이 형편없는 아이처럼 느껴졌다. 옷이라도 잘 입지 않으면 아무것도 내세울 게 없는 그런 아이 말이다. 이 여사의 싸늘한 눈빛을 마주하며 이지는 그의 엄마로 인해 주노와의 관계에 좋지 않은 일이 생길지도 모른다는 불길한 예감에 휩싸였다.

저녁 무렵, 집으로 돌아오는 이지와 엄마를 맞이하는 주노의 눈이 휘둥그레졌다. 이지와 운전기사의 양팔에 들려 있는 여러 개의 쇼핑백 때문이었다. 이 여사가 이지에게 선물한, 스무 벌도 넘는 명품 옷들을 하나씩 펼쳐 보며 주노는 흡족한 표정이었다.

"우리 이 여사님, 오늘 무리하셨네?"

"무심한 아들 녀석 덕분이지. 그동안 이지한테 선물 한 번 한 적이 없다며?"

"이 녀석이 워낙 자존심이 강해야죠. 틀림없이 거절했을걸요."

주노가 옆자리의 이지를 돌아보았다. 생각에 잠겨 있던 이지는 주노의 시선을 느끼고 흠칫 정신을 차렸다.

"예? 뭐라고요?"

"이지 너 왜 그래? 아까부터 넋 나간 사람 같잖아."

"아, 아무 것도 아니에요."

고개를 홱홱 젓는 이지를 조용히 응시하던 이 여사가 손뼉을 마주쳤다.

"오늘 저녁은 마당에서 바비큐 파티라도 열까?"

"그거 좋은 생각이네요."

들뜬 표정으로 고개를 끄덕이는 주노를 보며 이지는 낮은 한숨을 내쉬었다.

3
웃지 않는 소년 옥타비아누스

 파란 잔디가 깔린 마당 한복판에 파라솔을 펼치고, 이지와 주노 그리고 이 여사는 바비큐 파티를 열었다. 그릴 위에서 고기가 익으며 나는 연기가 오렌지빛으로 물든 하늘을 향해 천천히 올라갔다.
 이지와 주노는 나란히 서서 한우 등심과 자연산 송이를 굽고 있었다. 고기 익는 냄새와 버섯 익는 향이 절묘하게 섞이며 식욕을 자극했다. 평소 같으면 침을 뚝뚝 흘릴 이지였지만 오늘은 생각에 잠겨 묵묵히 고기만 뒤집고 있었다.
 "그렇게 익히면 맛없어."
 "예?"
 눈을 동그랗게 뜨는 이지를 향해 주노가 말했다.
 "그렇게 자꾸 뒤집으며 육즙이 다 빠져나간다고."

"아, 네."

"혹시 밖에서 엄마와 무슨 일 있었어?"

"아, 아니요."

"그렇다면 다행이지만. 저녁 내내 네가 하도 시무룩해 보여서 걱정했거든."

이지는 파라솔 아래에서 패션 잡지를 뒤적이고 있는 이 여사를 힐끗 돌아보았다. 잠시 고민하던 이지가 백화점에서의 일에 대해 털어놓았다. 고자질하려는 게 아니라 주노도 알고 있어야 할 것 같아서였다.

"어머니는 아무래도 내가 마음에 들지 않으시는 모양이에요."

우울하게 말하는 이지를 향해 주노는 전혀 뜻밖의 반응을 보였다.

"어제도 잠깐 얘기했지만 우리 엄마는 다른 엄마들과 조금 달라. 솔직히 이지 네게 이 정도로 친근하게 대하는 것도 예상하지 못했던 일이야. 그러니까 너도 너무 불평만 하지 말고, 조금만 더 노력해 주었으면 좋겠어."

"……."

주노의 반응에 이지는 당황스러웠다. 졸지에 주노의 앞에서 그의 엄마를 험담한 꼴이 되어 버린 것이다.

"괜한 투정부려서 미안해요. 선배 말대로 더 노력할게요."

"그렇게 말해 줘서 정말 고마워."

이지가 다시 바비큐 그릴에 얼굴을 박고 고기를 굽기 시작했다. 매운 연기가 얼굴을 덮쳤지만 이지는 고개를 들지 않았다. 코끝이 찡해지고 눈물이 나올 것 같은 것은 지독한 연기 때문이라고 이지는 애써 스스로를 위로했다.

잠시 후, 세 사람은 파라솔 테이블에 둘러앉아 식사를 시작했다. 한여름 저녁, 싱그러운 풀냄새를 맡으며 먹는 저녁 만찬은 근사했다. 최상품의 고기는 입안에서 살살 녹았다. 하지만 이지는 아무런 맛도 느낄 수 없었다.

주노와 그의 엄마는 연신 시선을 마주치며 친근한 미소를 주고받고 있었다. 주노는 그 어느 때보다도 행복해 보였다. 하긴 아주 어렸을 때부터 엄마는 특별한 존재였다고 하지 않았던가. 이해하자고 생각하면서도 이지는 점점 더 소외감을 느꼈다.

이때 이 여사가 불쑥 말을 걸었다.

"이지 양, 내일도 혹시 시간이 있어?"

"내, 내일요?"

"우리 이시스 한국 지사에서 주최하는 패션쇼의 런웨이에 이지 양을 세워 보고 싶은데, 이지 양 생각은 어때?"

고기가 목에 걸려 켁켁거리던 이지가 정신없이 손사래를 쳤다.

"러, 런웨이라뇨? 전 그런 거 할 줄 몰라요."

"흐음, 어쩐다? 나는 이지가 우리 런웨이를 걷는 모습을 꼭 보고 싶은데?"

이 여사가 도움을 청하듯 주노를 돌아보았다. 이지도 주노를 향해 한쪽 눈을 껌뻑껌뻑했다. 하지만 주노는 이번에도 이지의 사인을 무시했다.

"나도 꼭 보고 싶어. 눈 딱 감고 한 번 해 보자, 응?"

엄마의 편만 드는 주노가 원망스러워 이지는 시무룩해졌다. 그런 이지의 얼굴을 이 여사가 피처럼 붉은 와인을 홀짝이며 지그시 바라보았다.

다음 날 오후, 이지는 이 여사와 함께 런웨이 뒤편의 대기실에 있었다. 세련된 차림의 이지스 한국지사장이란 중년 여자가 이 여사 옆에 찰싹 붙어 있었다. 이지는 원피스를 벗고 연두색 셔츠와 노란색 바지로 갈아입었다. 경쾌한 느낌의 주니어 룩이었다.

"흐음……."

눈을 가늘게 뜨고 이지를 위아래로 훑던 이여사가 지사장에게 물었다.

"신발이 좀 걸리지 않나요?"

"네, 저기에 단화는 어울리지 않는군요."

"차라리 굽이 있는 부츠를 신겨 보죠."

"알겠습니다."

황급히 자리를 떠난 지사장이 굽이 높은 가죽 부츠를 들고 돌아왔다. 이지의 단화를 벗고 그것으로 갈아 신었다. 높은 굽 때문에 균형을 잡기 힘들었지만 그래도 이 여사와 지사장은 흡족한 듯 고개를 끄덕였다.

"훨씬 낫군요."

"역시 회장님의 안목은 탁월하세요."

"이제 이지 양에게 기본 워킹을 가르쳐 주세요."

"알겠습니다. 이지 양, 나를 따라 걸어 봐요."

그때부터 이지는 한 시간 정도 워킹과 시선 처리 등에 대해 배웠다. 잔뜩 긴장한 이지를 향해 이 여사가 말했다.

"이지에게 완벽한 모델 워킹을 바라는 건 아니야. 평소처럼 자연스럽게 걷기만 하면 된단다."

"예에……."

이지가 자신 없는 목소리로 대답했다. 그 '자연스럽게'가 쉽지 않은 것이다. 이때 헤드마이크를 착용한 스텝이 다가와 보고했다.

"스탠바이 삼 분 전입니다."

드디어 패션쇼가 시작되어 쭉쭉 뻗은 모델들이 분주하게 런웨이를 들락거리기 시작했다. 그리고 마침내 이지의 순서가 찾아왔다.

"후우우~"

"긴장하지 마. 그리고 미소를 잊지 말도록."

이 여사가 잔뜩 긴장한 이지의 등을 토닥이며 격려했다. 드디어 큐 사인이 떨어지고, 이지는 런웨이로 연결된 입구를 통과했다. 머리 위에서 갑자기 강렬한 빛이 쏟아지자 시야가 뿌예졌다. 덕분에 이지는 런웨이 끝까지 갔다가 돌아오는 모델들과 어깨가 슬쩍 부딪치고 말았다.

하마터면 엉덩방아를 찧을 뻔했지만, 이지는 기적적으로 균형을 잡고 다시 걷기 시작했다. 자세를 신경 쓸 겨를 따윈 없었다. 시선은 런웨이 끝부분에 고정시킨 채 어떻게든 저기까지만 갔다가 돌아오자고 생각하며 이지는 후들거리는 다리를 간신히 움직였다.

런웨이 좌우편에는 여러 개의 테이블이 놓여 있었고, 연예인들, 유명 디자이너들 그리고 귀부인들이 테이블에 둘러앉아 이지를 뚫어져라 응시하고 있었다.

"런웨이를 걷는 거니, 등산을 하는 거니?"

냉소적인 목소리가 들리자 이지는 움찔했다. 곁눈질로 보니, 바로 옆 테이블에 세라와 몇몇 여자아이들이 앉아 자신을 비웃고 있었다. 세라가 어떻게 여기에 와 있지? 이지는 그만 런웨이 끝까지 갈 자신이 없어져 버렸다. 차라리 지금 돌아설까? 고민하는 이지의 눈에 런웨이 끝자락의 테이블에 앉아 열심히 박수를 치는 주노의 모습이 들어왔다. 이지는 다시 용기를 내 보기로 했다. 몇 걸음만 더 내딛으면 런웨이 끝에 다다르는 것이다.

투욱!

이때 가죽 부츠의 굽이 부러져 버렸다. 가뜩이나 온몸이 딱딱하게 굳어 있던 이지는 양팔을 휘저으며 앞으로 고꾸라지고 말았다.

"꺄악!"

이지는 결국 바닥에 철푸덕 넘어지고 말았다. 활주로에 불시착한 비행기처럼 꼴사납게 엎드린 채 이지는 입을 반쯤 벌리고 있었다. 마치 시간이 정지한 듯 고요했다. 런웨이를 걷던 모델들도, 주변의 손

님들도 눈을 부릅뜬 채 이지를 보고 있었다. 이지의 눈에 하얗게 질린 얼굴로 일어서는 주노의 모습이 보였다. 선배, 빨리 와서 나 좀 구해 줘요. 이지가 주노에게 절박한 눈빛을 보냈다. 하지만 주노보다 기자들이 더 빨랐다.

기자들이 벌떼처럼 몰려들어 런웨이 끝에 볼썽사납게 엎드린 이지를 향해 카메라 셔터를 속사포처럼 눌러대기 시작했다. 그들 중에는 이지를 무던히도 괴롭히던 여드름 기자의 모습도 보였다.

이 여사와 지사장은 런웨이 입구에 나란히 서서 플래시 세례를 받고 있는 이지를 지켜보고 있었다. 지사장이 이 여사를 힐끗 돌아보았다.
"부츠 굽에 장난을 쳐 놓은 게 효과를 발휘하는군요."
"……."
지사장의 얼굴에 아쉬움이 스쳤다.
"하지만 쇼를 망치면서까지 이럴 필요가 있었을까요?"
"물론 충분히 가치 있어요. 우리 아들을 지킬 수 있다면 나는 세상 전체를 포기할 수도 있어요."
"……!"

이지의 눈앞에서 플래시가 하얗게 터졌다. 강렬한 불빛들이 사정없이 이지의 망막 속으로 파고들었다. 지독한 어지럼증과 함께 다시 구토가 치밀었다. 사위가 하얀 백지처럼 변하고 있었다.
주노의 저택 안, 이지의 방 침대 위에 놓인 '세기의 로맨스' 양장본에서 눈부신 빛이 가닥가닥 뿜어지기 시작했다. 빛이 폭발하듯 터져 나오며 방 전체를 환하게 물들였다. 팽팽하게 부풀었던 빛이 잦아들었을 무렵, 책은 홀연히 사라지고 없었다.

"웩! 우웩!"

이지는 네 발로 엎드린 채 헛구역질을 하고 있었다. 뱃멀미에 시달릴 때처럼 눈앞이 핑글핑글 돌고 속은 뒤집어졌다. 이지는 자신이 아직도 런웨이에 엎드려 있다고 생각했다. 머리 위에서 쏟아지고 있는 게 조명 불빛이 아니라 햇살이라는 사실을 깨닫는 데는 약간의 시간이 필요했다.

"여, 여기가 대체 어디지?"

이지는 휘둥그레진 눈으로 이국적인 올리브 나무숲을 둘러보았다.

"혹시 또……?"

이지는 불안한 눈으로 주변을 살폈다. 아니나 다를까, 바로 옆에 '세기의 로맨스'가 놓여 있는 게 보였다. 그제야 그녀는 새로운 여행이 시작되었음을 깨달았다. 주노와의 사랑이 이루어지면서 여행도 끝인 줄 알았는데, 그건 아무래도 혼자만의 착각이었던 모양이다.

"어쩌면 선배와의 사랑이 이루어졌다는 생각 자체가 착각인지 모르지."

이아진 여사의 얼굴을 떠올리며 이지는 씁쓸히 중얼거렸다. 앞으로 자신과 주노의 사이에 그녀는 가장 큰 장애물이 될 것이다.

"후아아~ 하주노의 여친이 된다는 건 정말 힘든 일이구나."

이지가 양손으로 무릎을 짚으며 힘겹게 일어섰다.

"그나저나 여기가 어디인지 누구한테 물어봐야 할 것 같은데……."

주위를 둘러보던 이지가 순간 멈칫했다. 무언가 희끄무레한 것이 옆을 휙 스치고 지나갔기 때문이다. 이지는 방금 지나친 자리를 눈을 크게 뜨고 다시 보았다. 올리브 나무들 사이에 웬 청년이 앉아 있었다. 하얀색 튜닉 위에 한 장의 기다란 천으로 만든 토가를 걸친 옷차림이 꼭 로마인처럼 보였다.

"서, 설마 로마 시대로 떨어진 거야?"

이지는 재빨리 세기의 로맨스 책장을 펼쳤다. 바로 어제까지 읽고 있던 '세기의 로맨스' 중 '아우구스투스와 리비아'의 장이 깨끗이 사라져 있었다. 역시 로마 시대로 떨어진 게 분명하다고 생각하며 이지는 땅이 꺼져라 한숨을 쉬었다. 이러다간 언제 선사시대로 떨어진대도 놀라지 않을 거 같았다.

이지가 책을 옆구리에 끼고 청년에게 다가갔다. 이지가 옆으로 다가왔지만 청년은 알아차리지 못한 듯 땅바닥만 뚫어져라 보고 있었다. 땅바닥에 신기한 것이라도 있나 하고 들여다보았지만 이지의 눈에는 보이지 않았다. 이지는 아무것도 없는 땅바닥을 눈이 빠져라 들여다보는 청년의 모습이 신기해서 찬찬히 살펴보았다.

열일곱이나 열여덟쯤 되었을까? 뺨에 솜털이 보송보송한 청년은 아직 소년의 티를 완전히 벗지는 못했다. 고슬고슬한 금발머리, 넓고 평편한 이마, 깊은 눈두덩 속에서 신중하게 빛나는 눈동자, 굳게 다문 붉은 입술. 보통 키에 약간 마른 체형이었지만 청년은 눈이 번쩍 뜨일 정도의 미남이었다. 특히 부드러운 턱 선과 높고 곧은 콧날은 주노를 꼭 빼닮았다.

"흠흠……."

이지가 자신의 존재를 알리기 위해 헛기침을 했다. 청년에게 물어보고 싶은 말이 많은 것이다. 그래도 청년은 땅바닥에 고정시킨 시선을 거두려고 하지 않았다. 몇 번 더 헛기침을 하다가 이지는 버럭 소리를 지르고 말았다.

"사람이 인기척을 내면 쳐다는 봐야 할 것 아니에요!"

그제야 청년이 천천히 눈을 들어 이지를 쳐다보았다. 청년과 얼굴을 마주한 이지는 저도 모르게 숨을 훅 들이마셨다. 옆에서 봤을 때보다 청년은 몇 배나 잘생겼던 것이다. 그런데 청년의 얼굴이 어딘지 조금 이상했다. 연신 고개를 갸웃대던 이지는 청년의 얼굴에 어떤 표정도 떠올라 있지 않음을 깨달았다. 단순히 무표정한 정도가 아니라, 표정이란 것 자체가 아예 없었다. 꼭 박물관에 서 있는 밀랍인형처럼 보였다. 그런 인형과 마주했을 때처럼 오싹한 한기를 느끼며 이지는 청년의 얼굴을 보았다. 청년의 눈동자도 은은한 빛을 발하며 이지를 살피고 있었다.

"나, 나는 윤이지라고 해요."

이지가 억지로 미소를 지으며 말했다. 청년도 천천히 몸을 일으키며 낮게 깔리는 소리로 말했다.

"나는 옥타비아누스라고 해."

"아우구스투스가 아니라 옥타비아누스라고요?"

'세기의 로맨스'에 등장한 주인공과 만나게 될 줄 알았던 이지는 고개를 갸웃했다. 그러다 아우구스투스의 옛 이름이 옥타비아누스라는 기억을 떠올렸다. 이지가 손가락을 따악, 튕겼다.

"아하, 아우구스투스가 되기 전의 옥타비아누스구나?"

"아우구스투스? 그게 누구지?"

"신경 쓸 필요 없어요."

손사래를 치던 이지가 심각하게 물었다.

"그런데 이곳이 로마 맞나요?"

"이곳은 그리스의 아폴로니아라는 땅이야. 내가 소속된 로마 군단은 머지않아 이곳에서 배를 타고 에게 해를 건너 파르티아를 공격할 계획이지."

이지가 알고 있는 지리적 상식으로 파르티아는 이란 지역의 옛 이름이었다. 이지는 옥타비아누스가 에게 해를 건너 아시아를 공격하려는 로마 군단을 따라 그리스에 왔을 거라고 추측했다.

"지금이 대체 몇 년이에요?"

의아한 눈으로 이지를 보다가 옥타비아누스가 짧게 답했다.

"기원전 44년의 봄이란다."

"기, 기원전이라고요……?!"

이지는 입을 쩍 벌리고 말았다. 이제는 하다하다 기원전의 머나먼 과거로 떨어져 버린 것이다. 이지가 침을 꼴깍 삼키며 간신히 중얼거렸다.

"그, 그러니까 지금이 기원전의 로마 시대라는 말이죠?"

"맞아."

"그럼 현재의 로마 황제는 누구예요?"

옥타비아누스가 기분이 상한 듯이 말했다.

"황제라니? 우리 로마는 자랑스러운 공화정의 나라야. 위대한 율리우스 카이사르님이 종신 집정관으로서 나라를 경영하고 계시지만."

"카, 카이사르요?"

"주사위는 던져졌노라!"라는 유명한 말을 남기고 루비콘 강을 건너 로마로 진격한 로마의 영웅 카이사르에 대해선 이지도 숱한 위인전과 영화, 드라마 등을 통해 잘 알고 있었다. 가만 있어 봐라, 그런데 그 사람 혹시 암살당하지 않았던가.

고개를 갸웃하는 이지를 향해 이번엔 옥타비아누스가 질문을 던졌다.

"그런데 너는 차림새가 참 특이하구나?"

"……!"

그제야 이지는 자신의 옷차림을 살펴보았다. 런웨이를 걸을 때의 복장 그대로 떨어진 것이다. 21세기의 옷이 튜닉과 토가를 입은 로마인인 옥타비아누스의 눈에는 이상하게 보이는 것이 당연했다.

"피부 색깔을 보아하니 아시아인이구나? 혹시 소아시아 출신이니?"

"한국이라고 아주 머나먼 나라가 있어요. 그보다 에게 해는 언제쯤 건널 예정이죠?"

딱히 설명할 방법이 없는 이지는 대충 얼버무린 후, 다시 질문을 던졌다. 옥타비아누스가 무표정을 유지한 채 말했다.

"로마에서 카이사르님의 명령서가 도착하면 내일이라도 당장 떠나게 될 거야."

"흐음……, 그렇군요. 그럼 나도 결국 배를 타고 에게 해를 건너야 하는 건가?"

"에게 해를 건너겠다고? 그건 나를 따라오겠다는 뜻이냐?"

"뭐 꼭 따라간다는 뜻은 아니고요……."

당신 곁에서 당신의 사랑이 이루어지는 걸 지켜봐야 내가 속한 세상으로 돌아갈 수 있다고요, 라고 설명할 수도 없는지라 이지는 어색하게 미소만 지었다. 옥타비아누스의 관심을 다른 곳으로 돌리기 위해서 이지가 손가락으로 땅바닥을 가리켰다.

"그런데 아까부터 뭘 그리 들여다보고 있어요? 땅바닥에 동전이라도 떨어뜨렸나요?"

옥타비아누스도 이지가 가리키는 곳을 보았다.

"아니, 그냥 개미들을 보고 있었어."

"개미라고요?"

그제야 땅바닥에서 꼬물거리는 수많은 개미들이 이지의 눈에 들어왔다. 더듬이로 길을 찾고 있는 놈, 자신보다 몇 배 큰 몸집의 벌레를 옮기는 놈, 다른 개미와 사투를 벌이는 놈 등등 숱한 개미들이 자신의 임무를 충실히 수행하고 있었다. 하지만 그래봤지 개미가 아닌가. 이지가 살짝 실망스런 표정을 지었다.

"난 또 대단한 거라도 발견한 줄 알았네. 개미 따위를 뭘 그리 넋을 놓고 보고 있어요?"

"개미를 무시하지 마라. 이 개미들을 보고 있으면 국가를 경영할 수 있는 지혜를 배우게 된다."

"그건 또 무슨 소리예요?"

"개미 제국의 구성원들을 잘 살펴봐. 일단의 병정개미들은 치열한 전투 끝에 적의 공격을 막아내지. 그러는 사이에 일개미들은 전체 구성원이 배불리 먹을 수 있는 식량을 부지런히 긁어모아. 굴 깊숙한 곳에서는 여왕개미가 쉬지 않고 알을 낳고 있어. 여왕이 낳은 이 어린것들은 충성스런 일개미와 병정개미로 자라 어떤 상황에서도 제국이 흔들리지 않도록 다시 지탱하지. 이렇듯 개미 제국에서는 각자의 개미들이 자신의 임무를 정확히 파악하고, 제국을 위해 언제든 자신을 희생할 준비가 되어 있어. 만약 인간들의 국가도 이 정도로 효율적으로 운영할 수 있다면 그게 바로 유토피아 아닐까?"

"······."

이지가 눈을 동그랗게 뜨고 옥타비아누스의 얼굴을 바라보았다. 개미들의 모습에서 국가를 경영할 지혜를 얻어낸다는 것은 아무나 할 수 있는 일이 아니다. 이지는 옥타비아누스가 범상치 않은 인물임을 금방 알아보았다.

"옥타비아누스! 옥타비아누스!"

이지가 옥타비아누스의 얼굴을 뚫어져라 보고 있을 때, 그의 이름을 다급히 부르는 소리가 들렸다. 튜닉 위에 로마군의 갑옷을 입고 허리에는 검까지 찬 우직하게 생긴 청년이 헐레벌떡 달려왔다.

"무슨 일인데 그리 호들갑이야, 아그리파?"

옥타비아누스가 청년의 이름을 부르자, 이지는 깜짝 놀랐다. 아그리파라면 학교나 미술학원에서 데생을 그릴 때 단골로 등장하는 석고상의 주인공이 아닌가. 벌에라도 쏘인 듯 코가 뭉툭한 청년을 보고 이지는 실물보다는 석고상이 훨씬 멋있다고 생각했다.

아그리파가 하얗게 질린 얼굴로 말했다.

"큰일 났어, 옥타비아누스."

"대체 무슨 일이야? 설마 갈리아 지방에서 또 반란이라도 터진 거야?"

"그런 게 아니야."

"그게 아니라면 별로 큰일은 없어."

돌아서려는 옥타비아누스를 향해 아그리파가 떨리는 목소리로 내뱉었다.

"지, 집정관께서 서거하셨어."

"지금 뭐라고 했지?"

"종신 집정관 카이사르님께서 브루투스와 카시우스 등의 공화파들의 손에 암살을 당하셨단 말이야."

"……!"

늘 무표정을 유지하던 옥타비아누스의 얼굴에 놀라움의 빛이 스치고 지나갔다. 하지만 눈을 한 번 감았다가 떴을 때처럼 아주 짧은 순간이었다. 옥타비아누스는 이내 무표정한 얼굴로 돌아와 골똘히 생각에 잠겼다. 아그리파가 그를 향해 조심스럽게 물었다.

"이 상태에서 파르티아 원정을 떠날 수 있을까?"

"카이사르님이 돌아가셨으니, 원정은 중단될 거야."

"그럼 우린 어떻게 해야 거지?"

"최대한 빨리 로마로 돌아가야지."

아그리파가 수긍하듯 고개를 끄덕였다.

"하긴 너는 카이사르님의 양자이니, 로마로 돌아가 상속자로서의 권리를 행사해야겠지. 하지만 로마는 현재 공화파의 수중에 있어. 황제가 되려는 야망을 품었다는 이유로 카이사르님을 살해한 저들이 너마저 해치려고 하지 않을까?"

"나는 고작 열여덟 살이야. 공화파들이 보기에 나는 애송이에 불과하지. 그리고 로마에는 나보다 몇 배 무서운 저들의 적이 있지 않나?"

"안토니우스를 말하는 거야?"

"맞아. 그는 카이사르님 군단의 사령관으로서 현재 로마에서 집정관을 맡고 있어. 서른여덟 살의 노련한 장군이야말로 공화주의자들이 가장 두려워하는 존재일 거야."

"흐음……, 확실히 그렇겠구나."

"그러니까 서둘러 로마로 돌아가자."

옥타비아누스가 친구이자 참모인 아그리파의 어깨를 툭 치며 돌아섰다. 떠나려는 옥타비아누스의 뒷등을 향해 이지가 버럭 고함쳤다.

"나도 로마로 데리고 가 줘요!"

"……?"

옥타비아누스와 아그리파가 의아한 눈으로 이지를 돌아보았다.

"저 꼬마 아가씨는 대체 누구지?"

옥타비아누스가 어깨를 으쓱했다.

"나도 몰라. 오늘 이 숲에서 처음 만난 아이야."

"그런데 저 아이가 왜 너보고 함께 가자는 건데?"

"그것도 몰라."

옥타비아누스가 이대로 자신을 버려두고 떠날 것만 같아 전전긍긍하던 이지가 손을 번쩍 쳐들며 말했다.

"나, 나는 점성술사예요."

"점성술사라고? 네가?"

눈을 동그랗게 뜨는 아그리파를 향해 이지가 빙그레 웃어 보였다. 그럴듯하게 둘러댄 것이다. 드라마나 영화를 통해 카이사르가 암살당한 직후의 사건에 대해서 조금은 알고 있으니, 점성술사 흉내를 충분히 낼 수가 있는 것이다. 의심 가득한 눈으로 자신을 바라보는 옥타비아누스를 향해 이지가 노련한 점성술사처럼 말했다.

"로마로 최대한 빨리 돌아가겠다는 것은 현명한 결정이에요. 이제 곧 카이사르님의 저택에서 안토니우스가 유언장을 공개할 텐데, 그 유언장에는 양자인 옥타비아누스에게 자신의 모든 지위와 재산을 상속한다는 내용이 담겨 있을 테니까요."

"끄아아……!"

아그리파가 기절한 듯한 표정으로 입을 쩍 벌렸다. 그러나 옥타비아누스는 눈도 깜빡하지 않았다. 아그리파가 친구의 귀에 대고 속삭였다.

"저 아이 대단한 점성술사인가 봐. 그러니 안토니우스가 유언장을 공개하리란 걸 알고 있지."

"카이사르님의 오른팔이었던 그가 유언장을 공개하리란 건 로마의 아이들조차 알고 있을걸."

"하긴 그렇겠군."

"게다가 이집트에는 카이사르님과 클레오파트라 여왕 사이에서 태어난 친아들 카이사리온이 있어. 만약 그 어린아이가 아니라면 오랜 세월 카이사르님을 보필해 온 안토니우스가 그의 지위와 재산을 물려받게 될 거야. 나처럼 허울뿐인 양자가 아니라 말이야."

"흐음……."

아그리파가 이번에도 수긍한다는 듯 고개를 주억였다. 이지가 의미심장한 미소를 지었다.

"그럼 우리 내기할까요?"

"무슨 내기?"

"만약 내 예언이 적중한다면 당분간 당신 곁에서 지낼 수 있도록 해주세요."

"만약 틀린다면?"

"그땐 미련 없이 떠날게요."

"만약 예언이 틀리면 목숨을 내놓을 수 있겠나? 그럼 너를 로마로 데려가 주지."

"……!"

이지가 눈을 부릅뜨고 옥타비아누스를 바라보았다. 여전히 무표정했지만 차갑게 가라앉은 눈동자는 방금 내뱉은 말이 결코 농담이 아님을 알려주고 있었다. 입술을 지그시 깨물고 옥타비아누스와 시선을 마주치고 있던 이지가 천천히 고개를 끄덕였다.

"좋아요. 목숨을 걸겠어요."

"좋아, 그럼 로마로 함께 출발하자."

4
별처럼 사랑스런 소녀 리비아

"우와아~ 이곳이 바로 로마구나!"

화창한 햇살이 쏟아지는 로마 중심부를 옥타비아누스와 아그리파가 나란히 말을 타고 달리고 있었다. 이지는 옥타비아누스의 등 뒤에 앉아 허리를 꽉 끌어안은 채였다.

돌로 지은 건물들 사이로 반듯하게 뚫린 대로를 말을 타고 달리며 이지는 감탄사를 연발했다. 주택들 너머 영화나 책에서 보았던 웅장한 신전과 콜로세움이 휙휙 스치고 지나갔다.

이지가 처음 마주한 로마는 고대 도시답지 않게 굉장히 번화하고 세련된 느낌이었다. 대로변 평범한 주택의 담벼락에도 신들의 모습이 섬세하게 새겨져 있었고, 신전의 원주 기둥은 예술 그 자체였다. 수많은 행인들과 마차들이 사방으로 뻗어나간 대로를 가득 메운 채 바삐 움직이고 있었다.

　남자들은 옥타비아누스처럼 튜닉에 토가를 두르고 있었고, 여자들은 투박한 원피스인 스톨라 위에 남자들의 토가보다는 약간 짧은 팔라를 두른 모습이었다. 과연 고대 세계의 심장부라는 로마답게 도시 전체와 사람들의 얼굴에선 생기가 넘쳐흘렀다.

　이지가 옥타비아누스의 뒤통수에 대고 소리쳤다.

　"지금 어디로 가는 거죠?"

　"일단 우리 집으로 가자."

　"집이 어디인데요?"

　"이제 거의 다 왔어."

　잠시 후, 옥타비아누스는 시내 한복판에 위치한 저택 앞에서 말을 멈추었다. 저택의 대문 앞은 검을 찬 열 명 정도의 남자들이 삼엄하게 지키고 있었다. 말에서 내리는 옥타비아누스를 알아본 남자들이 앞다퉈 머리를 조아렸다.

　"오셨습니까, 도련님?"

　급히 대문 안으로 들어가는 옥타비아누스를 따라가며 이지가 아그리파에게 물었다.

　"대문을 지키고 있는 사람들은 누구예요?"

　"옥타비아누스 집안의 노예들이야."

　"아…… 노예!"

　그제야 이지는 로마 시대에는 노예가 존재했다는 사실을 기억해냈다. 축구장처럼 파란 잔디가 깔린 정원을 지나 세 사람은 삼 층짜리 고풍스런 건물 안으로 들어갔다. 안쪽에서 스톨라 차림의 아름다운 중년 부인과 옥타비아누스보다 한두 살 많아 보이는 예쁜 아가씨가 걸어 나오는 게 보였다. 모녀로 보이는 두 여자는 번쩍번쩍 빛나는 금장신구로 온몸을 치장한 채였다.

중년 부인이 옥타비아누스를 와락 끌어안으며 흥분한 목소리로 외쳤다.

"내 아들 옥타비아누스, 이제야 돌아왔구나!"

뒤이어 젊은 여자도 옥타비아누스를 안았다.

"이 누나도 네가 돌아오기만을 고대하고 있었단다."

이지는 그제야 중년 부인이 옥타비아누스의 엄마이고, 젊은 여자가 누나라는 사실을 알아차렸다. 두 여자는 반가워 어쩔 줄 몰라 하고 있었지만 옥타비아누스는 무덤덤하기만 했다. 그런 옥타비아누스를 보며 이지는 질렸다는 듯 고개를 설레설레 흔들었다. 아그리파가 이지의 귀에 대고 속삭였다.

"옥타비아누스의 어머니인 아티아님과 누나인 옥타비아야. 아티아님은 카이사르님의 여동생인 율리아님의 딸이지. 그래서 카이사르님이 암살당한 이후, 두려움에 떨고 있는 것 같아."

이때 옥타비아누스에게서 떨어진 아티아와 옥타비아가 이지를 쳐다보았다.

"옥타비아누스, 혹시 파르티아에서 동양인 노예를 잡아 왔니?"

"저 아이의 이름은 이지예요. 노예가 아니라 점성술사지요."

"점성술사라고?"

아티아와 옥타비아가 동시에 환호했다. 두 사람은 손뼉을 마주치며 호들갑을 떨었다.

"세상이 어지러울수록 점성술사가 필요한 법이지."

"이지야, 한 가지만 알려다오. 공화파 녀석들이 우리 집을 공격할 것 같니, 안 할 것 같니?"

이지가 한쪽 눈을 찡긋하며 말했다.

"이 집은 무사할 테니, 아무 걱정 마세요."

아티아와 옥타비아가 이지 앞으로 뽀르르 다가왔다.

"엄마, 난 이 아이가 마음에 들어요."

"나도 그렇단다. 옥타비아누스, 정말 좋은 아이를 데려와 주었구나."

옥타비아누스가 미간을 살짝 찌푸렸다.

"그 아이를 너무 믿지는 마세요. 아직 점성술사로서 능력이 입증된 건 아니니까요."

동생의 말에 옥타비아가 이지의 팔짱을 끼며 혀를 쏙 내밀었다.

"옥타비아누스는 너무 신중해서 탈이라니까."

"요즘 같은 세상에 신중하지 않으면 목숨을 잃을 수도 있다고."

무뚝뚝하게 말하는 옥타비아누스를 향해 아티아가 조심스럽게 물었다.

"그나저나 오늘 밤에 카이사르님의 저택으로 갈 거니?"

"카이사르님의 저택에서 무슨 일이 있나요?"
"안토니우스가 카이사르님의 유언장을 공개한대."
"으음, 역시……!"
옥타비아누스의 표정이 심각하게 변했다.

"이지야, 어때? 그리스에서부터 먼 길을 달려온 피로가 싹 풀리는 것 같지?"
저택의 일 층에는 작은 수영장만 한 목욕탕이 있었다. 갓난아이 모습의 아폴로가 비스듬히 기울인 단지에서 뜨거운 물이 콸콸 쏟아지는 욕조 안에 이지와 옥타비아는 나란히 몸을 담그고 있었다. 두 사람의 등 뒤에서 흑인 노예 둘이 어깨를 살살 주물러 주고 있었는데, 시원하긴 했지만 이지는 옥타비아만큼 느긋하게 즐길 수가 없었다. 노예라는 것 자체가 마음을 불편하게 했기 때문이다.
"나는 됐으니까 그만해도 돼요."
노예를 향해 친절하게 미소 짓는 이지를 옥타비아가 이상하다는 듯 쳐다보았다. 로마 시민 중에는 노예에게 저렇게 미소 짓는 사람은 없는 것이다. 존댓말을 하는 사람은 더더욱.
이지가 옥타비아를 향해 문득 물었다.
"그런데 언니는 혹시 옥타비아누스가 웃는 모습을 본 적이 있나요?"
"응? 그게 무슨 말이야?"
"그리스에서부터 로마까지 열흘 넘게 함께 여행했지만, 나는 아직 옥타비아누스가 웃는 걸 본 적이 없어요."

옥타비아가 이해한다는 듯 싱긋 웃었다.

"옥타비아누스 녀석 원래 성격이 저래. 엄마의 뱃속에서 나오는 순간조차 울지 않았다지 아마? 그래서 엄마는 아이가 죽은 채 태어난 줄 알았대."

"맙소사……!"

"카이사르님이 조카의 아들인 옥타비아누스를 눈여겨 본 것도 바로 그런 특징 때문이래. 엄마는 아들의 미래를 위해 옥타비아누스를 카이사르님의 저택으로 보내곤 했지. 그때마다 카이사르님은 옥타비아누스와 체스를 두셨던 모양이야. 처음에는 카이사르님이 백전백승했지만 시간이 흐를수록 승률이 비슷해졌다더라. 그런데 카이사르님이 녀석한테 반한 진짜 이유는 체스 실력 때문이 아니라, 어떤 순간에도 표정이 변하지 않았기 때문이래. 자고로 최고의 남자가 되고 싶으면 옥타비아누스처럼 누구한테도 마음을 들키지 말아야 한다, 라고 했다나 뭐라나."

"아하~"

"그즈음 카이사르님이 옥타비아누스를 자신의 양자로 선언했지. 카이사르님의 후광 덕분에 옥타비아누스가 크게 성공할 거라고 엄마는 기뻐했지만, 이제는 그것 때문에 목숨을 잃을지도 모르는 처지가 되어 버렸어."

"그런 일은 일어나지 않을 테니, 걱정 말아요."

"너의 별들이 그렇게 예언해 주고 있니?"

"맞아요."

"참 신기하단 말이야."

"뭐가요?"

"이지 너의 말은 왠지 무조건 믿음이 가거든."

"헤헤……."

이지가 기분 좋게 웃으며 몸을 일으켰다. 노예 아가씨들이 이지에게 재빨리 옥타비아가 선물한 스톨라를 입혀 주었다. 이지는 하나의 긴 천으로 만들어진 팔라를 어깨에서부터 허리까지 두르며 욕조 밖으로 나왔다.

"어딜 가려고?"

"잠시 집 구경 좀 하려고요."

이지가 옥타비아를 향해 손을 흔들며 밖으로 향했다.

이지는 저택 뒤편에 줄지어 늘어선 올리브 나무 사이로 뚫린 호젓한 오솔길을 걸으며 산책을 즐겼다. 봄날 오후의 햇볕은 따뜻했다. 콧노래를 흥얼거리며 걸음을 옮기던 이지가 문득 멈춰 섰다. 저쪽 올리브나무 아래 마주선 옥타비아누스와 자신 또래의 한 소녀의 모습을 발견했기 때문이다. 눈망울이 초롱초롱한 늘씬한 체구의 소녀는 인형처럼 깜찍하고 예뻤다.

이지는 처음에는 옥타비아누스와 소녀가 특별한 관계라고는 생각하지 못했다. 하지만 이지는 곧 자신의 생각이 잘못되었음을 깨달았다.

　소녀를 바라보는 옥타비아누스의 눈빛 때문이었다. 평소 무심하기만 하던 옥타비아누스의 시선에는 어떤 애틋함이 서려 있었다. 이지도 저런 눈빛을 받은 적이 있었다. 정식으로 사귀기로 하면서 주노가 저런 눈빛으로 자신을 바라봐 주었던 것이다.

　갑자기 주노에 대한 그리움이 밀려들었다. 런웨이에서 볼썽사납게 넘어진 후, 로마로 오게 되면서 주노에 대해서는 잠시 잊고 있었던 것이다. 주노를 떠올리자 이아진 여사의 얼굴도 자동으로 떠올랐다. 겉으론 한없이 친절하지만 마음속으론 자신을 완강히 밀어내고 있는 사람. 이지의 입에서 절로 한숨이 새어 나왔다.

　"이지?"

　한숨 소리가 너무 컸던 모양이다. 옥타비아누스가 소녀와 함께 그녀를 돌아보았다. 이지는 어쩔 수 없이 두 사람을 향해 다가갔다. 초여름의 싱그러운 숲을 연상케 하는 파란 눈동자의 소녀가 이지를 빤히 쳐다보았다. 보고만 있어도 빨려들 것 같은 눈동자라고 이지는 생각했다. 서로의 얼굴을 빤히 바라보는 이지와 소녀를 보고 옥타비아누스가 흠흠, 헛기침을 했다.

　"소개할게. 이쪽은 나의 점성술사인 이지 그리고 이쪽은 로마에서 존경받는 귀족 가문의 영애인 리비아."

　아, 리비아! 이 소녀가 바로 '세기의 로맨스'에서 옥타비아누스와 사랑의 열병을 앓는 그 소녀구나. 그 장을 거의 다 읽었지만 언제나

그렇듯이 두 사람의 사랑이 해피엔딩으로 끝났는지 혹은 새드엔딩으로 끝났는지는 기억나지 않았다.

소녀가 이지를 향해 불쑥 손을 내밀었다.

"만나서 반가워. 난 리비아라고 해."

"아, 난 이지야."

"우리 친구로 지낼까?"

"나, 나야 물론 상관없지만……"

천진하게 웃는 소녀의 손을 잡으며 이지도 경계를 풀고 빙그레 미소 지었다.

"만나서 반가워, 리비아."

"로마에 온 걸 환영해, 이지."

이지의 손을 놓은 리비아가 옥타비아누스를 향해 말했다.

"그만 돌아가 봐야 할 것 같아요. 요즘 로마의 치안이 형편없다며 부모님께서 해가 지기 전에는 꼭 돌아오라고 하셨거든요."

"그래, 빨리 가 봐."

"오늘 밤 카이사르님의 저택에서 특별히 조심하세요."

"응, 걱정하지 마."

떨어지지 않는 걸음을 옮기며 리비아는 여러 번 옥타비아누스를 돌아보았다. 옥타비아누스도 올리브 나무 너머로 그녀의 모습이 완전히 사라질 때까지 언제까지나 지켜보고 있었다. 이지가 저도 모르게 킥, 실소를 흘렸다.

"왜 웃지?"

이지는 억지로 웃음을 참으며 말했다.

"감정이라곤 없는 사람처럼 굴더니만, 리비아를 바라볼 때는 혼이 빠진 사람 같잖아요. 혹시 평소에도 일부러 근엄한 척하는 거 아니에요?"

"쓸데없는 소리!"

옥타비아누스는 눈살을 찌푸리며 이지를 스쳐 걸어갔다. 이지의 눈에는 옥타비아누스가 도망치는 것처럼 보였다. 이지가 그를 계속 따라붙으며 쫑알거렸다.

"리비아와는 언제 만났어요?"

"나이 차이가 너무 나는 것 같지 않아요?"

"설마 당장 결혼할 생각은 아니겠죠?"

옥타비아누스가 우뚝 걸음을 멈추었다. 그리고 얼음처럼 차가운 눈빛으로 이지를 돌아보았다.

"정신 똑바로 차려. 오늘 밤 카이사르님의 저택에서 나는 목숨을 잃게 될지도 몰라."

"……!"

기원전의 하늘이 황혼에 물드는가 싶더니, 로마 전체에 어둠이 깔리기 시작했다. 하나둘 불을 밝히기 시작하는 주택 너머로 콜로세움과 주피터 신전이 도시를 지키는 거인처럼 버티고 서 있었다.

이지와 옥타비아누스, 아그리파는 말을 몰고 잘 정비된 도심의 대로를 달려갔다. 옥타비아누스의 저택보다 열 배쯤 더 거대한 대저택 앞에서 세 사람은 말을 멈추었다. 창검으로 무장한 로마 병사들이 저택 주변을 철통같이 에워싸고 있었다.

저택의 대문을 향해 걸어가며 이지가 아그리파에게 물었다.

"웬 병사들이 이렇게 많아요?"

"안토니우스 장군의 병사들이야. 공화파의 약탈로부터 카이사르님의 저택을 지키기 위해 병력을 급파했다지만, 실은 카이사르님의 유언장을 확보하기 위해서일걸."

"흐음……."

저택의 거실로 들어서던 옥타비아누스가 우뚝 멈춰 섰다. 그를 따르던 이지와 아그리파도 함께 멈추었다. 양탄자가 깔린 거실 중심부에 놓인 청동 화로에서 불꽃이 은은하게 타오르고 있었다. 그 화로를 중심으로 열 명이 조금 넘는 로마 귀족들이 비스듬히 누워 술을 마시고 있었는데, 노예로 보이는 젊은 미녀들과 미남들이 술잔이 빌 때마다 조용히 다가와 채워 주곤 했다.

거실 한쪽에서는 커다란 덩치의 중년 남자가 울퉁불퉁한 근육질의 알몸을 토가만으로 대충 가린 채 하프를 연주하고 있었다. 거실에 모인 귀족들이 눈을 지그시 감은 채 부드러운 선율에 귀를 기울였다. 유언장 공개 장소가 아니라 무슨 음악회에 참석한 사람들 같았다.

이지는 새삼 선이 굵은 호남형의 남자를 유심히 살펴보았다. 몸을 감싼 토가 사이로 철판처럼 단단한 가슴과 그곳에 그어진 선명한 흉터들이 언뜻 비쳤다. 눈을 지그시 감은 채 연주에 열중하는 남자와 그의 가슴에 그어진 칼자국은 묘한 대조를 이루고 있었다.

옥타비아누스가 속삭이듯 내뱉었다.

"안토니우스야."

"아……!"

동시에 이지의 입술을 비집고 신음이 새어나왔다. 왜인지 정확히는 모르겠지만 이지도 어쩌면 저 기묘한 분위기의 남자가 안토니우스일지도 모른다고 생각했던 것이다. 안토니우스는 매우 강인해 보였다. 군복 대신 막 목욕을 끝내고 침실로 들어온 듯 토가 한 장만 걸치고 있었지만 그는 충분히 강인해 보였다. 토가 사이로 비치는 근육과 굵은 흉터들은 그가 어떤 남자인지 말해주는 것 같았다. 안토니우스에게 집중하고 있던 이지가 힐끗 고개를 돌려 옥타비아누스를 보았다.

"하아."

동시에 이지는 낮은 한숨을 몰아쉬었다. 안토니우스에 비하면 솜털이 보송보송한 이 청년은 도저히 그의 적수가 되어 보이지 않았던 것이다.

짝짝짝짝!

갑작스런 박수 소리에 이지는 흠칫 정신을 차렸다. 어느새 안토니우스의 연주가 끝난 것이다. 안토니우스는 느긋하게 일어나 자신을 향해 박수를 보내는 사람들을 향해 머리를 숙였다. 그러다 옥타비아누스를 발견한 안토니우스가 멈칫했다. 중년의 집정관이 만면에 미소를 띄운 채 양팔을 벌리고 다가왔다. 그리고 옥타비아누스를 와락 끌어안았다.

"돌아왔구나, 옥타비아누스. 네가 참석하지 못하면 어쩌나 걱정하고 있었단다."

안토니우스가 등을 팡팡 두드릴 때마다 옥타비아누스는 휘청거렸다.

"너도 카이사르님의 유언 내용이 궁금하겠지?"

"예."

"곧 공개할 테니 잠시만 기다려라. 그 전에 증인으로 참석한 분들을 소개시켜 주마."

안토니우스가 거실에 모여 있는 사람들을 한 명씩 소개하기 시작했다. 하나같이 로마를 좌지우지하는 실력자들이었다. 먼저 안토니우스의 오른팔로 알려진 클라우디우스 네로, 원로원 의원이자 유명한 웅변가인 키케로, 갈리아 원정군 사령관 레피두스 등이었다.

마지막으로 안토니우스가 차가운 인상의 두 젊은이를 가리켰다.

"옥타비아누스, 브루투스와 카시우스는 처음 만나는 것이겠지?"

"……!"

순간 옥타비아누스의 표정이 일그러졌다. 긴장한 아그리파는 허리에 차고 있는 검 자루를 움켜쥐었다. 한편 이지는 익숙한 이름에 고개를 갸웃했다. 브루투스와 카시우스란 이름은 분명히 들어본 적이 있는데? 곰곰이 생각하던 이지가 날카로운 눈매의 젊은이들을 가리키며 소리를 질렀다.

"아앗, 카이사르님을 해친 암살자들!"

동시에 거실의 공기가 싸늘해졌다. 브루투스와 카시우스가 눈을 가늘게 뜨고 이지를 째려보았다. 안토니우스도 이지에게 시선을 고정시킨 채 물었다.

"저 용감한 아가씨는 누구지?"

옥타비아누스가 이지를 힐끗 보았다.

"제 친구인 이지라고 합니다."

"이지 양은 앞으로 말을 가려서 하는 게 좋겠군. 내가 초대한 손님을 모욕하는 것은 곧 나를 모욕하는 짓이거든."

이지는 기가 죽기는커녕 오히려 목소리를 높였다.

"안토니우스 장군님은 카이사르님의 부하가 아니었던가요? 그런 분이 어떻게 옛 상관을 살해한 사람들을 초대할 수 있죠? 카이사르님의 양자인 옥타비아누스에게 두 사람을 태연히 소개하는 것이야말로 옥타비아누스를 모욕하는 짓이라고 생각해요."

안토니우스의 눈빛이 무시무시하게 변했다. 옥타비아누스도 적잖이 놀란 표정이었다. 아그리파가 이지의 귀에 대고 속삭였다.

"어서 사과해. 큰일 당하기 전에 어서."

"……"

이지는 잘못한 게 없다고 생각했으므로 입을 꾹 다물고 버텼다.

"큭……!"

이때 안토니우스가 굳은 표정을 풀며 웃음을 흘렸다. 건장한 장군이 고개를 젖히고 요란하게 웃어젖히는 소리가 거실 가득 울렸다.

"으핫하하! 옥타비아누스가 대단한 친구를 두었군!"

웃음을 뚝 그친 안토니우스가 낮게 깔리는 소리로 말했다.

"내 말을 잘 들어 주기 바라네, 꼬마 아가씨. 지금 로마는 내전 직전이야. 여기 브루투스와 카시우스는 원로원의 지지를 바탕으로 적지 않은 병력을 통솔하고 있어. 그리고 나 안토니우스가 카이사르님을 후원했던 시민들의 지지를 바탕으로 이들과 맞서고 있는 형국이지. 지금은 아주 사소한 오해로도 서로에게 칼을 휘두르게 되어 있어. 그렇게 되면 로마는 불바다가 되고, 많은 시민들이 죽임을 당하겠지. 나는 그것을 막고자 브루투스, 카시우스 같은 공화파들과 평화를 유지할 방법을 찾고 있단 말이다."

"……."

이지는 대꾸 없이 안토니우스를 보고 있었다. 옥타비아누스가 이지를 대신해 안토니우스에게 머리를 숙였다.

"친구를 대신해 사과드립니다. 로마를 사랑하는 안토니우스님의 판단에 경의를 표합니다."

"흐음, 옥타비아누스가 그렇게 얘기하니 이번만은 참도록 하지. 자, 그럼 모두가 궁금해 하는 유언장을 공개해 볼까?"

안토니우스가 손뼉을 마주치자 창백한 얼굴의 중년 부인이 작은 함을 들고 내실 쪽에서 걸어 나왔다. 안토니우스가 존경심 가득한 표정으로 부인을 가리켰다.

"여러분, 카이사르님의 미망인이신 코르넬리아님이십니다."

거실로 나온 코르넬리아 부인이 브루투스와 카시우스를 원망 가득한 눈으로 쏘아보자, 당당하던 두 젊은이도 어쩔 수 없이 시선을 피했다. 코르넬리아가 안토니우스에게 함을 건네주며 착 가라앉은 목소리로 말했다.

"남편의 유언장이에요. 원하는 것을 얻은 후에 빨리 저 살인자들을 데리고 우리 집에서 나가 줘요."

"감사합니다, 부인."

안토니우스가 빙긋 웃으며 함을 열고 양피지 두루마리를 꺼냈다. 양피지를 펼친 안토니우스가 카이사르의 유언장을 큰소리로 읽어 내리기 시작했다. 그의 얼굴에는 존경하는 장군이 자신에게 모든 권리를 양도했을 것이라는 확고한 믿음이 깔려 있는 것 같았다.

"나 율리우스 카이사르는 위대한 주피터 신 앞에 다음과 같이 유언한다. 만일 내가 갑작스럽게 사망할 경우, 집과 농장과 노예들은 아내인 코르넬리아에게 상속한다. 그리고 그 외의 모든 재산과 나의 정치적, 군사적 지위는…… 양자인 옥타비아누스에게 상속하는 바이다."

마지막 문장을 읽는 안토니우스의 목소리가 가늘게 떨렸다. 그의 얼굴에서 자신감은 사라지고, 실망과 분노만 가득했다. 양피지를 잡은 손을 부들부들 떨고 있는 안토니우스를 거실에 모인 사람들이 긴장된 눈으로 지켜보았다. 안토니우스가 폭발하면 누구도 말릴 수가 없는 것이다. 안토니우스가 양피지를 돌돌 말며 옥타비아누스를 향해 다가갔다. 핏발 선 눈으로 옥타비아누스의 얼굴을 쏘아보던 그가 불쑥 두루마리를 내밀었다.

"카이사르님이 너를 이렇게까지 사랑하는 줄 몰랐구나. 어쨌든 축하한다, 옥타비아누스."

"……."

옥타비아누스가 입을 굳게 다문 채 안토니우스의 얼굴을 보았다. 안토니우스가 어서 받으라는 듯 양피지를 다시 내밀었다. 옥타비아누스가 천천히 손을 내밀어 그것을 받았다. 동시에 안토니우스가 빙글 돌아섰다.

"내 임무는 끝났으니, 이만 돌아가겠어!"

그러자 클라우디우스와 레피두스가 두루마리를 들고 멍하니 서 있는 옥타비아누스를 째려보며 안토니우스를 따라 나갔다. 다른 사람들도 비슷한 표정으로 떠나고 마지막으로 브루투스와 카시우스가 기분 나쁘게 웃으며 돌아섰다.

거실에는 옥타비아누스와 이지, 아그리파만 남게 되었다. 아무도 입을 열지 않아 무거운 침묵만이 세 사람의 어깨를 짓눌렀다. 어색한 분위기를 깨고 싶어서 이지가 농담조로 말했다.

"어, 어쨌든 내 예언이 맞았잖아요? 옥타비아누스가 카이사르님의 후계자가 됐다고요."

옥타비아누스가 양피지를 잡은 손을 부르르 떨며 나직이 내뱉었다.

"덕분에 로마를 장악하고 있는 안토니우스와 원수가 되었어. 동시에 브루투스와 카시우스 등 공화파의 표적도 되어 버렸지. 나를 지켜줄 백인대 하나 없는 상태에서 로마 전체가 내 목숨을 노리기 시작했다는 뜻이야."

"에이, 설마……?"

이지가 믿지 못하겠다는 듯이 중얼거렸다. 하지만 옥타비아누스의 걱정은 단순한 걱정이 아니라는 사실을 이지는 곧 깨닫게 되었다.

"이, 이게 뭐야……?"

저택 밖으로 나오자마자 이지는 질린 듯이 중얼거렸다. 이지 좌우편의 옥타비아누스와 아그리파는 잔뜩 긴장한 채 앞을 주시했다. 수십 명의 완전무장한 병사들을 거느리고 빙글빙글 웃으며 서 있는 것은 안토니우스의 오른팔로 알려진 클라우디우스 네로라는 남자였다. 사실 이지는 처음 봤을 때부터 저 클라우디우스라는 남자가 영 마음에 들지 않았다. 이십대 중반 정도로 보이는 그는 큰 키에 마른 체형이었다. 눈꼬리가 쭉 찢어지고, 입가에 늘 음모를 꾸미는 듯한 미소를 머금고 있는 그를 보고 이지는 별로 느낌이 좋지 않다고 생각했다. 전형적인 간신배의 얼굴이지. 암, 그렇고말고.

옥타비아누스가 클라우디우스를 향해 차분히 말했다.

"클라우디우스님께서 어째서 제 앞을 가로막으시는지요?"

"묻고 싶은 것이 있어서 기다렸습니다."

"물어보시지요."

"……."

잠시 뜸을 들이던 클라우디우스가 히죽 웃으며 입을 열었다.

"카이사르님께 상속받은 권리를 안토니우스님께 양도하실 의향은 없으십니까?"

"……!"

옥타비아누스의 미간이 꿈틀했다. 클라우디우스의 얼굴을 뚫어져라 응시하다가 옥타비아누스는 다시 물었다.

"이것은 안토니우스님의 뜻입니까?"

"아닙니다. 어디까지나 저 혼자만의 생각입니다."

"그렇다면 대답할 이유는 없겠군요. 집으로 돌아가야겠으니 길을 열어 주십시오."

"호오. 거절하는 겁니까?"

"대답하지 않겠다고 했습니다."

"받아들이는 게 좋을 텐데요."

클라우디우스의 눈빛이 싸늘해지는 것과 동시에 뒤쪽의 병사들이 옥타비아누스들을 향해 천천히 다가오기 시작했다. 아그리파와 이지가 옥타비아누스를 보호하기 위해 앞으로 나섰지만 옥타비아누스가 이지의 뒷덜미를 잡아 자신의 옆으로 끌어당겼다.

"네가 나설 자리가 아니야."

이지는 심장이 쿵쾅거리다 못해 터져 버릴 것 같았다. 기원전의 이

낯선 세상에서 결국 최후를 맞게 되는 건가?

이때 살기등등하게 다가오던 병사들이 우뚝 걸음을 멈추었다. 자신만만하던 클라우디우스의 얼굴에서 웃음기가 싹 가신 것도 그때였다. 클라우디우스와 병사들이 뒤를 돌아보자 수많은 횃불들이 대낮처럼 환하게 일렁이고 있는 게 보였다. 두건을 눌러쓴 수백 명의 사람들이 한 손에는 창을, 한 손에는 횃불을 들고 버티고 서 있었다. 그리고 그들 맨 앞에 당당하게 서 있는 사람은 다름 아닌 리비아였다.

"리비아가 어떻게 이곳에……?"

옥타비아누스와 이지의 입에서 동시에 신음이 새어나왔다. 리비아와 시선을 교환하던 옥타비아누스가 무언가 깨달은 듯 당황하는 클라우디우스를 향해 당당하게 소리쳤다.

"나는 그대와 피를 보고 싶지 않소! 오늘은 이쯤하고 돌아가는 게 어떻겠소?"

"이이……!"

옥타비아누스와 리비아를 번갈아 쏘아보던 클라우디우스가 이를 악문 채 빙글 몸을 돌려세웠다. 병사들이 황급히 그를 쫓아갔다. 클라우디우스와 병사들이 완전히 사라지자, 옥타비아누스와 이지는 리비아를 향해 달려갔다.

"리비아, 어떻게 된 일이야? 어디서 이런 병사들을 동원했지?"

리비아가 옥타비아누스를 올려다보며 혀를 쏙 내밀었다.

"앞줄에 서 있는 자들은 우리 집의 노예들이에요. 그리고 뒤쪽에 있는 사람들은 아키스 신을 모시는 사제들이죠."

옥타비아누스가 비로소 알겠다는 듯이 고개를 끄덕였다.

"강의 신인 아키스를 모시는 사제들은 늘 두건을 눌러쓰고 다니지. 클라우디우스가 어린 소녀에게 보기 좋게 한 방 먹었군."

"운이 좋았을 뿐이에요."

수줍게 웃는 리비아를 향해 이지가 엄지손가락을 세워 보였다.

"리비아, 네 기지가 옥타비아누스를 살렸어."

옥타비아누스와 리비아는 흐뭇하게 서로의 얼굴을 마주보았다. 하지만, 오늘은 운 좋게 위기를 넘겼지만 본격적인 위기는 아직 시작도 되기 전이었다.

"이지야! 이지야!"

사방으로 뚫린 아치형 창문을 통해 지중해의 봄바람이 살랑살랑 불어오는 로맨틱한 침실에서 잠들어 있던 이지는 옥타비아의 다급한 외침에 잠에서 깨었다.

"아웅~ 무슨 일이에요?"

"늦잠을 자고 있을 때가 아니야. 밖에서 큰일이 터졌다고."

"또 무슨 일인데요?"

"브루투스와 카시우스의 병사들이 저택을 완전히 포위했어."

"뭐, 뭐라고요?"

그제야 이지도 침대 밖으로 화들짝 내려섰다.

"빨리 가 봐요!"

옥타비아와 밖으로 나온 이지는 입을 쩍 벌리고 말았다. 완전무장한 로마군 수백 명이 저택 주변을 겹겹이 에워싸고 있었기 때문이다. 이지가 질린 눈으로 이미 나와 서 있는 옥타비아누스와 아그리파를 돌아보았다.

"어떡하면 좋아요?"

"예상했던 일이야."

옥타비아누스는 이 상황에서도 차분했다. 놀라운 자제력이었지만 그렇다고 상황이 나아지지는 않았다. 열댓 명 정도의 노예들이 단검과 몽둥이를 들고 옥타비아누스의 등 뒤에 서 있었지만 별 도움이 될 것 같지 않았다.

이때 병사들을 헤치고 브루투스와 카시우스가 나타났다. 옥타비아누스가 브루투스를 향해 차분한 목소리로 물었다.

"원하는 게 무엇이오?"

"우리는 공화정의 적인 카이사르의 잔당을 소탕하려고 한다."

"나는 공화정의 적이 아닙니다."

"호오~ 그러한가?"

브루투스의 입가에 비웃음이 떠올렸다.

"그렇다면 카이사르는 왜 유언장을 통해 너를 후계자로 지명했지?"

"유언장의 내용은 나로서도 뜻밖이었소."

"하하……!"

브루투스와 카시우스가 기가 막힌 듯이 웃었다. 브루투스가 웃음을 뚝 그치고 위협적으로 말했다.

"지금부터 허락이 있을 때까지 너와 네 가족을 저택 안에 연금하겠다."

그 말을 끝으로 브루투스와 카시우스는 떠나 버렸다. 옥타비아누스가 잠시 생각에 잠겨 서 있다가 아그리파에게 말했다.

"집 앞을 지키고 있는 노예들을 치워."

이지가 깜짝 놀라 옥타비아누스를 말렸다.

"그나마 집을 지키는 노예들까지 치우면 어쩌자는 거예요?"

"노예 몇 명으로 로마의 정예 병력을 막을 수는 없어. 병사들이 우리를 지켜주고 있으니, 도둑이 들 염려는 없겠지."

돌아서는 옥타비아누스의 등 뒤에서 누군가 부르는 소리가 들렸다.

"옥타비아누스님!"

기분 나쁘게 히죽거리며 다가오는 사람은 클라우디우스였다. 옥타비아누스가 클라우디우스를 향해 고개를 까닥했다.

"자주 뵙는군요, 클라우디우스님?"

클라우디우스가 짐짓 정중하게 답했다.

"실은 안토니우스님의 명령을 받고 왔습니다. 브루투스와 카시우스 등이 병력을 동원해 옥타비아누스님의 저택을 포위했다는 소식을 듣고 안토니우스님이 크게 걱정하셨습니다. 그래서 저보고 옥타비아누스님이 안전한지 보고 오라고 하셨지요."

이지가 비꼬는 투로 말했다.

"그렇게 걱정되면 안토니우스님 휘하의 병사들을 파견해 주면 되잖아요."

"현재 로마에는 안토니우스님보다 공화파의 군대가 훨씬 많습니다. 섣불리 군대를 움직였다간 안토니우스님마저 당할 수도 있어요."

"쳇~ 핑계도 좋군."

툴툴거리는 이지를 옥타비아누스가 손을 뻗어 제지했다. 그리고 클라우디우스의 얼굴을 똑바로 쳐다보았다.

"안토니우스님께서 제게 따로 전하라는 말씀이 있었을 텐데요?"

"……!"

클라우디우스가 속내를 들킨 듯 움찔했다. 호오, 옥타비아누스의 말대로 무언가 꿍꿍이가 있었군. 심하게 흔들리는 클라우디우스의 눈동자를 보며 이지는 생각했다.

"실은…… 안토니우스님께서 한 가지 제안을 하셨습니다."

"말씀해 보세요."

"카이사르님께서 어린 당신에게 너무 무거운 짐을 남기셨으니, 그 짐을 안토니우스님께 넘기고 평화롭게 지내는 것이 어떻겠느냐고요."

이지가 기가 막힌 듯이 말했다.

"결국 당신이 어제 한 제안과 똑같잖아요? 당신이 안토니우스님을 설득했군요?"

"이지는 가만히 있어."

착 가라앉은 소리로 말하는 옥타비아누스를 이지가 휙 돌아보았다.

"옥타비아누스는 분하지도 않아요? 이런 말도 안 되는 제안은 당장 거절해 버려요."

"카이사르님께 물려받은 모든 유산을 양도하겠다고 안토니우스님께 전해 주시오."

순간, 이지는 물론 아그리파와 옥타비아까지 입을 쩍 벌렸다.

"무슨 말을 하는 거야, 옥타비아누스?"

"너의 권리를 왜 안토니우스에게 넘겨?"

옥타비아누스는 덤덤했다.

"감당할 수 없는 선물은 이미 선물이 아니야. 재앙일 뿐이지. 그리고 갑자기 양자가 된 나보다는 십 년 넘게 카이사르님을 보좌한 안토니우스님이 후계자가 되는 게 당연하지."

"……."

이지와 옥타비아, 아그리파가 멍한 표정으로 옥타비아누스를 바라보았다. 클라우디우스가 만족스러운 듯 고개를 끄덕였다.

"정말 현명하시군요. 안토니우스님께 당장 옥타비아누스님의 호의를 전하겠습니다. 그럼 안토니우스님께서 군대를 파견해 브루투스와 카시우스의 병력을 해산시키실 겁니다."

"그래 주시면 고맙지요."

"그럼 전 이만."

병사들 사이로 멀어지는 클라우디우스의 뒷모습을 옥타비아누스가 조용히 지켜보고 있었다. 이지가 도저히 이해할 수 없다는 표정으로 말했다.

"대체 왜 카이사르님의 유산을 다 포기한 거예요?"

"내가 정말 다 빼앗겼을까?"

"……?"

"카이사르님은 귀족들의 집합체인 원로원과는 사이가 나빴지만 시민들은 그분을 사랑했어. 그리고 지금도 갈리아 원정군 등 많은 군단들이 마음속으로 카이사르님을 숭배하고 있지. 안토니우스는 나의 권리를 빼앗기 위해 공화파를 동원했지만, 그 덕분에 내가 그분의 후계자라는 사실이 온 세상에 알려졌어. 유언장에 적힌 재산과 지위를 빼앗긴다 해도 이 옥타비아누스가 영웅 카이사르의 후계자라는 사실만은 변하지 않을 거야."

"아……!"

이지의 입술 사이로 감탄사가 새어나왔다. 옥타비아누스는 자신이 생각했던 것보다 몇 배 더 현명한 남자일지도 모른다고 그녀는 생각했다.

5 사랑을 위하여

다음 날 클라우디우스가 다시 저택을 방문했다. 그리고 안토니우스에게 모든 권리를 넘긴다는 내용이 담긴 공식 문서에 서명할 것을 강요했다. 옥타비아누스는 아무런 미련도 없이 시키는 대로 했다. 클라우디우스가 서류를 가지고 돌아가고 며칠이 지났지만, 저택을 포위한 병력은 철수하지 않았다. 오히려 병력의 숫자가 점점 불어났고, 그렇게 열흘쯤 흘렀을 때 마침내 사고가 터졌다. 술에 취한 일단의 병사들이 저택 안으로 난입한 것이다.

"꺄아악!"

"도, 도망쳐!"

눈이 뒤집힌 병사들은 남자 노예들을 살해하고 여자 노예들을 끌고 갔다. 옥타비아누스와 아그리파가 검을 들고 뛰어나와 용감하게 맞섰지만 수십 명이나 되는 병사들을 당해낼 수는 없었다.

"꺄아악! 옥타비아누스, 안 돼!"

땅바닥에 쓰러진 옥타비아누스를 노리고 검을 쳐드는 병사를 발견하고 옥타비아가 비명을 질렀다. 이지는 비명 대신 돌을 주웠다. 그리고 그것을 병사를 향해 힘껏 던졌다.

따악!

"크흑!"

이마에 돌이 꽂힌 병사가 벌러덩 넘어갔다. 그렇다고 위기가 끝난 것은 아니었다. 옥타비아누스와 아그리파 그리고 이지와 옥타비아는 머지않아 살기등등한 병사들에게 포위당하고 말았다

"옥타비아누스님을 보호하라!"

절망적인 상황에서 클라우디우스가 병력을 끌고 나타났다. 클라우디우스의 병력과 검을 겨눈 채 한동안 대치하던 공화파 병사들이 마침내 저택 밖으로 물러갔다.

"많이 놀라셨죠, 옥타비아누스님? 너무 늦게 와서 죄송합니다."

느물거리는 클라우디우스를 향해 이지가 버럭 화를 냈다.

"대체 왜 이렇게 늦었어요? 서류에 서명하면 금방 구해주겠다고 했잖아요?"

"병력을 동원한다는 게 그렇게 쉬운 일은 아니라네, 아가씨."

"끄으으……."

얄미운 클라우디우스의 뺨을 한 대 후려치고 싶은 욕구를 참느라

이지는 어금니에 잔뜩 힘을 주어야 했다. 클라우디우스가 다시 옥타비아누스를 향해 씨익 웃었다.

"옥타비아누스님께 부탁이 한 가지 더 있습니다만."

"안토니우스 장군께서 이번엔 이 저택이라도 내놓으라고 하시던가요?"

"그럴 리가 있습니까? 실은 제 개인적인 부탁입니다."

"개인적인 부탁이라면……?"

잠시 눈치를 살피던 클라우디우스가 천천히 입을 열었다.

"실은 제게 사랑하는 여자가 있습니다. 오랫동안 공을 들여 왔기에 올 봄에는 꼭 결혼을 하려고 했지요. 그런데 이 아가씨에게 이미 사귀는 남자가 있다지 뭡니까?"

옥타비아누스가 눈살을 찌푸렸다.

"설마 저한테 중매를 서 달라는 겁니까?"

"그게 아니라 포기를 해 달라는 겁니다."

"포기하다니요? 대체 뭘요?"

"제가 좋아하는 아가씨의 이름이 리비아라면 이해가 되시겠습니까?"

"……!"

순간 옥타비아누스는 물론 이지와 아그리파 그리고 옥타비아까지 경악하고 말았다. 늘 침착함을 잃지 않던 옥타비아누스도 이번만은 당황하는 기색이 역력했다. 클라우디우스의 얼굴을 뚫어져라 응시하다가 옥타비아누스가 갈라지는 소리로 말했다.

"나는 리비아와 오래전부터 친남매처럼 지내왔소. 그러다 사랑하는 감정이 싹텄던 것이오. 클라우디우스님은 리비아를 언제부터 알게 되었습니까?"

"한 두어 달쯤 됩니다."

"고작 두 달이라고요?"

옥타비아누스의 얼굴이 조금 더 일그러졌다. 이지가 더 이상 참지 못하고 끼어들었다.

"몇 년을 사귄 사람하고, 두 달 밖에 안 된 사람하고 같아요? 클라우디우스님이 양보하세요."

클라우디우스의 입가에 노골적인 비웃음이 떠올랐다.

"사귄 기간보다는 누가 더 리비아를 행복하게 해 줄 수 있느냐가 중요하지 않을까?"

"옥타비아누스가 리비아를 행복하게 해 줄 수 없다는 뜻인가요?"

"솔직히 옥타비아누스님은 현재 로마에서 가장 곤란한 처지에 놓여 있는 남자라네. 모든 재산과 지위는 안토니우스님께 빼앗겼고, 공화파는 호시탐탐 목숨을 노리고……."

이지가 버럭 고함쳤다.

"카이사르님의 유산을 포기하면 공화파의 위협으로부터 지켜 주겠다고 약속했잖아요!"

"그러니까 리비아를 넘겨달라는 거다. 그녀를 포기하면 이 클라우디우스가 목숨을 걸고 옥타비아누스님을 지켜드릴 테니까."

"이런 비겁한……!"

화가 치민 이지가 벌벌 떨며 클라우디우스를 쨰려보았다. 옥타비아와 아그리파도 분노를 숨기지 못했다. 다만, 옥타비아누스만은 어느새 표정을 착 가라앉힌 채 클라우디우스를 보고 있었다.

"클라우디우스님, 정말 감사했습니다. 오늘은 이만 돌아가 주시지요."

"그럼 리비아는……?"

"리비아는 물건이 아닙니다. 그녀는 스스로 선택한, 좋아하는 사람과 결혼하게 될 겁니다."

옥타비아누스를 지그시 쨰려보던 클라우디우스가 병사들을 데리고 돌아갔다. 이지가 옥타비아누스를 향해 엄지손가락을 치켜세웠다.

"모처럼 남자다웠어요."

옥타비아누스가 대꾸 없이 저택 안으로 들어가자 이지는 투덜거렸다.

"쳇, 칭찬해 줬는데 왜 저래?"

아그리파가 어두운 표정으로 말했다.

"공화파는 이미 옥타비아누스를 제거하기로 결심했어. 클라우디우스가 지켜주지 않으면 이 저택은 단 며칠도 버티지 못할 거야."

"……!"

아그리파의 말은 틀림없는 사실이었다. 그로부터 며칠 동안 저택을 포위한 공화파 병사들의 행패는 극에 달했다. 시도 때도 없이 담장 안으로 돌을 던지며 욕설을 퍼부었고, 밤이면 요란한 북소리와 함성으로 위협했다. 저택을 방문하는 손님들은 구타당한 후 쫓겨났다. 저택은 창살 없는 감옥이나 다름없었다.

옥타비아누스와 가족들은 불안에 시달리며 공화파의 공격을 숨을 죽인 채 기다릴 수밖에 없었다. 옥타비아누스의 엄마인 아티아와 누나인 옥타비아는 비탄에 잠겨 하루하루를 눈물 속에서 보냈다. 옥타비아누스만은 애써 침착을 유지했지만 그의 속이 까맣게 타들어가고 있음을 곁에서 지켜보는 이지는 느낄 수 있었다.

열흘쯤 흐른 저녁에 리비아가 저택을 방문했다. 이상하게도 그녀는 옥타비아누스가 아니라 이지부터 찾았다.

봄꽃 향기가 잔잔하게 퍼지는 후원에서 이지는 리비아를 만났다. 리비아의 얼굴을 바라보며 이지는 그녀가 며칠 새 핼쑥해진 것을 알았다. 클라우디우스 때문이겠지. 음흉한 너구리같은 인간.

리비아가 착잡한 표정으로 물었다.

"클라우디우스가 나를 원한다는 건 알고 있지?"

"물론이야. 그래서 그 작자가 공화파 병사들을 막아 주지 않는다는 것도 잘 알지."

"정확히 보았어."

"나쁜 녀석, 언젠가는 한 방 먹여 주고 말 테다."

주먹을 움켜쥐고 바르르 떠는 이지를 향해 리비아가 희미하게 웃었다.

"옥타비아누스 오빠는 어려서부터 말수가 적었어. 가문끼리 친분이 두터웠기 때문에 우리는 자주 어울렸지. 하지만 오빠는 내가 아무리 장난을 걸어도 단 한 번도 웃어 주지 않는 거야."

"어련하시겠어."

"그런데도 이상하게 그런 오빠가 좋았어."

"……!"

"그 무표정한 얼굴과 퉁명스런 성격에 묘하게 끌렸거든. 그리고, 내가 열세 살 생일을 맞이했을 때 오빠가 불쑥 청혼을 했어. 오빠는 그때 처음으로 아침햇살처럼 환한 미소를 보여 주었어. 내가 늘 상상했던 바로 그런 미소였어. 그때 나는 결심했지. 이 남자를 위해서라면 목숨을 바쳐도 상관없다고."

"……."

이지가 눈을 크게 뜨고 리비아의 얼굴을 보았다. 리비아는 잔잔히 미소 짓고 있었다. 하지만 이지는 그녀의 미소 속에 깃든 단호한 결심을 놓치지 않았다.

"리비아, 너 설마……?"

"처음 만났을 때부터 이지가 믿을 수 있는 사람이란 걸 알았어. 영혼이 맑은 사람은 눈빛도 맑은 법이잖아."

"……."

"나는 클라우디우스의 청혼을 받아들이기로 결심했어. 그것만이 옥타비아누스 오빠를 지킬 수 있는 유일한 방법이기 때문이야."

"말도 안 되는 소리! 옥타비아누스가 기뻐할 것 같아?"

이지가 소리를 질렀지만 리비아는 꿈쩍도 하지 않았다.

"기뻐하지는 않겠지만 목숨은 구할 수 있을 거야."

"리비아……!"

"원래는 아무한테도 말하지 않고 떠나려고 했어. 그런데 누군가에게 진실을 밝히지 않으면 심장이 터져 버릴 거 같지 뭐야. 그래서 이지를 만나러 온 거야."

리비아의 표정이 서글프게 변했다.

"네가 증인이 되어줘. 이 리비아는 탐욕이 아니라 사랑 때문에 옥타비아누스를 배신하는 거라는 사실을."

리비아의 진심이 이지의 가슴에까지 닿았다. 사랑을 위해 사랑을 포기할 수밖에 없는 리비아의 운명이 안타까워 이지는 목이 메었다.

"걱정하지 마, 리비아. 내가 나중에 꼭 옥타비아누스에게 진실을 전해 줄게."

"그에게는 절대 얘기해선 안 돼!"

리비아가 소리치자 이지는 깜짝 놀랐다.

"대체 왜……?"

"만약 내가 자기를 위해 떠난 걸 알면 옥타비아누스는 좌절해서 모든 걸 포기하려 들 거야. 오히려 배신했다고 생각해야 복수하기 위해서라도 이를 악물고 성공하겠지. 그러니까 절대로 말을 해서는 안 돼."

"하지만 그건 리비아에게 너무 잔인한 일이야."

"그를 떠나기로 마음먹으면서 나는 이미 모든 희망을 버렸어."

리비아는 이지에게 다시 한 번 다짐을 받았다.

"옥타비아누스에겐 절대로 말하지 마. 진실은 우리 두 사람의 가슴 속에 영원히 봉인해 두는 거야."

이지는 고개를 끄덕일 수밖에 없었다. 이 착하고 총명한 소녀에게 신이 왜 이토록 가혹한 시련을 내리시는지 궁금할 따름이었다.

"리비아!"

이때 옥타비아누스가 나타났다. 이지와 리비아는 거의 동시에 슬픈 표정을 감추었다. 옥타비아누스가 리비아 앞에 서서 걱정스럽게 말했다.

"위험하니까 당분간 이곳에 오지 말라고 했잖아?"

"우리 오랜만에 외출해요."

"외출? 하지만 밖을 지키고 있는 병사들 때문에 불가능해."

"내가 대문 앞을 지키고 있는 백인장에게 돈을 좀 주었어요. 잠시 동안 외출하는 건 괜찮을 거예요."

"……?"

옥타비아누스가 의아한 눈으로 돌아보았지만 이지는 마음을 들킬까봐 재빨리 고개를 돌려 버렸다.

리비아의 말대로 옥타비아누스는 병사들의 제지를 받지 않고 밖으로 나올 수 있었다. 한사코 싫다고 하는 이지도 리비아가 고집을 부려 동행했다. 막 어둠이 내리기 시작한 거리를 나란히 걷는 세 사람의 얼굴을 온화한 봄바람이 쓰다듬고 지나갔다. 리비아가 갑자기 옥타비아누스의 팔짱을 끼며 말했다.

"우리 원형극장에 가요."

"원형극장?"

"예, 오늘 그곳에서 유명한 극단이 오디세이를 공연한대요."

"하지만 지금처럼 위태로울 때 한가하게 연극이나 구경해도 되는 건지……?"

이지가 망설이는 옥타비아누스의 등을 떠밀었다.

"여자가 가자고 하면 제발 군소리 말고 가요. 연극 한 편 보는 게 그렇게 힘들어요?"

"아, 알았으니까 밀지 좀 말라고."

잠시 후, 세 사람은 원형극장의 객석에 앉아 네 마리의 사자 석상이 떠받치고 있는 무대 위에서 펼쳐지는 연극을 구경하고 있었다. 오디세이로 분한 배우가 무대 끝으로 나와 밤하늘의 북극성을 가리키며 사랑하는 아내를 그리워하는 노래를 불렀다. 그 서글픈 목소리에 리비아는 그만 눈물을 글썽이고 말았다. 하지만 옥타비아누스는 연극에 집중하느라 연인의 눈물을 미처 보지 못했다. 옥타비아누스 대신 이지가 리비아의 어깨를 어루만지며 위로를 해 주었다. 리비아가 이지를 돌아보며 애써 미소를 지었다.

'슬플 때는 울어도 괜찮아, 리비아. 눈물을 너무 오래 참으면 그것이 가슴으로 스며들어 파란 멍울을 만드는 법이야. 그리고 그렇게 생

긴 멍울은 영원히 사라지지 않는대.'

이때 객석 사이로 거위 알과 땅콩을 파는 행상이 지나갔다. 리비아가 팔을 흔들어 행상을 불러 세웠다.

"여기요! 거위 알과 땅콩 좀 주세요."

리비아가 거위 알을 까서 그것을 옥타비아누스의 입에 넣어 주었다. 묵묵히 받아먹는 옥타비아누스를 보며 리비아는 행복한 듯 웃었지만 이지의 눈에는 그녀의 미소가 더욱 슬퍼 보였다.

"근처에 내가 잘 아는 맛집이 있다니까요. 그곳에서 당신과 꼭 식사를 하고 싶어요."

그만 집으로 돌아가 봐야 한다는 옥타비아누스에게 리비아는 한사코 고집을 부렸다. 평소 그녀답지 않은 행동이라 이상하게 생각했지만, 이지도 옆에서 거드는지라 옥타비아누스는 할 수 없이 식당으로 들어갔다.

테이블에 앉자마자 리비아는 배불뚝이 주인에게 정신없이 주문을 시작했다.

"화덕에서 구운 멧돼지 바비큐 한 마리 주세요. 그리고 싱싱한 연어와 캐비어를 얹은 파스타, 산딸기 잼을 바른 호밀 빵도 주세요. 올리브를 넣어 무친 시금치 샐러드와 와인도 한 병 부탁해요."

"그 많은 요리를 다 먹겠다는 거야……?"

황당한 듯 묻는 옥타비아누스를 향해 리비아가 고개를 크게 끄덕였다.

"뱃가죽이 등에 들러붙을 지경이라고요. 왜요? 음식 값이 너무 많이 나올까 봐 무서워요?"

"아니야, 아니야. 얼마든지 먹어."

잠시 후, 음식이 줄줄이 나오자 세 사람은 식사를 시작했다. 뱃가죽이 등에 붙을 지경이라던 리비아는 자신은 거의 먹지 않고 옥타비아누스의 입에 음식을 넣어 주기 바빴다. 이지도 입맛이 없어 맛이 밍밍한 시금치 샐러드를 깨작거리기만 했다.

밖으로 나와 보니 어느새 밤이 깊었고, 행인들이 끊긴 거리를 달빛만이 은은히 비추고 있었다. 포도주를 몇 잔 마신 리비아가 비틀거리며 걸었다. 리비아는 갑자기 대로 한복판에서 우뚝 걸음을 멈추더니 옥타비아누스를 향해 빙글 돌아섰다.

"오빠, 내가 노래 한 곡 불러 줄까요?"

"노래라고?"

심드렁한 표정을 짓는 옥타비아누스의 옆구리를 이지가 쿡 찔렀다. 이지의 눈치를 살피던 그가 마지못해 고개를 끄덕였다.

"어디 한 번 들어 보지, 뭐."

"흠흠……. 좋아, 그럼 시작할게요."

목청을 가다듬던 리비아가 옥타비아누스의 얼굴을 바라보며 노래를 부르기 시작했다. 아까 원형극장에서 오디세이가 사랑하는 아내를 그리워하며 부르던 바로 그 연가였다.

'아무리 거센 파도와 신의 저주 몰아쳐도 그대에게 돌아가려는 나의 용기를 꺾지는 못할 것이오.' 노래를 부르는 리비아의 눈가에서 기어이 눈물 한 방울이 떨어졌다. 달빛을 받은 눈물이 진주처럼 빛났다. 그런 리비아를 지켜보며 이지는 동병상련을 느끼고 있었다.

리비아는 오늘 밤 사랑하는 남자와 마지막으로 연극을 보고, 밥을 먹고, 노래를 불렀다. 그것은 이지가 남친이 생긴다면 해 보고 싶었던 일들과 크게 차이가 나지 않았다. 결국 사랑을 시작할 때와 사랑을 끝낼 때 우리가 할 수 있는 일이란 정해져 있는 것이다. 사랑을 이루고 가장 행복할 즈음, 우리는 이미 이별의 고통 속으로 한 발을 내딛고 있는 것인지도. 지금 옥타비아누스 앞에서 노래를 부르고 있는 리비아처럼 이지 자신도 언젠가는 주노 앞에서 이별의 노래를 부르게 될지도 모른다.

며칠 후, 클라우디우스와 리비아가 결혼식을 올렸다는 소식이 전해졌다. 그와 함께 저택을 포위했던 브루투스와 카시우스의 군대도 물러갔다. 클라우디우스가 안토니우스를 움직여 공화파 귀족들과 협상을 벌이도록 한 것이다. 이로써 직접적인 위협은 사라지고, 저택에는 평화가 찾아왔다. 옥타비아누스도 겉으로는 평온한 모습이었다. 하지만 이지는 그가 얼마나 끔찍한 고통에 시달리고 있는지 잘 알고 있었다.

봄이 깊어가는 아침, 이지는 빵과 우유가 담긴 쟁반을 들고 옥타비아누스의 방을 찾았다. 그는 햇빛이 비추는 창가에 앉아 멍하니 정원을 내려다보고 있었다. 그에게 다가가려다 말고 이지는 우뚝 멈춰 섰다. 햇빛에 잠긴 그의 모습이 너무 외로워 보였기 때문이다. 여전히 무표정한 얼굴이었지만 까칠한 수염과 생기를 잃은 눈이 그의 고통을 짐작하게 해 주었다.

이지가 테이블 위에 쟁반을 내려놓으며 말했다.

"며칠째 식사를 거르고 있다죠? 빵과 우유를 가져왔으니 조금이라도 들어요."

"……."

옥타비아누스는 대답이 없었다. 그는 정원이 아니라 훨씬 먼 곳을 응시하고 있는 것 같았다. 이지가 참지 못하고 소리를 질렀다.

"화가 나면 화를 내요! 분하면 분통을 터뜨려요! 그렇게 가슴 속에 꽁꽁 쌓아 두다가는 결국 지쳐 쓰러지게 되어 있다고요!"

그제야 옥타비아누스가 이지를 스윽 보았다. 마치 낯선 사람처럼 이지를 쳐다보던 그가 갈라지는 소리로 말했다.

"나는 원래 사람을 믿지 않아. 사람이란 나약한 존재인지라 아주 작은 유혹에도 배신하기 때문이지. 그래도 리비아만은 믿었어. 그녀만은 나를 배신하지 않으리라 믿었는데…… 그런데……."

"리비아는 당신을……."

이지는 하마터면 진실을 밝힐 뻔했다. 마지막 순간 비밀을 지켜달라고 애원하던 리비아의 얼굴이 떠올라 간신히 멈출 수 있었다. 이지

는 대신 옥타비아누스의 눈앞으로 빵을 내밀었다.

"먹기 싫어도 먹어요. 그리고 안토니우스와 브루투스에게 멋지게 한 방 먹이라고요."

이지를 멍하니 보던 옥타비아누스가 천천히 손을 뻗어 빵을 잡았다. 그리고 그것을 우적우적 씹어 먹기 시작했다. 그의 눈동자에 작은 불꽃같은 것이 어른거리고 있었다. 그것이 복수의 불꽃이라는 걸 알아차린 이지는 마음이 아팠다. 그의 복수심은 안토니우스나 클라우디우스보다는 리비아에게 향할 것이기 때문이다.

그날 오후, 기운을 차린 옥타비아누스가 아그리파, 옥타비아, 이지와 함께 거실에 둘러앉았다. 세 사람은 옥타비아누스가 중대한 결정을 내리려 하고 있음을 느끼고 숨을 죽인 채 기다렸다. 한참만에야 옥타비아누스가 입을 열었다.

"내가 정치적으로 재기하려면 어떻게 해야 할까?"

골똘히 생각하던 옥타비아가 대답했다.

"카이사르님은 귀족보다는 시민들의 친구였어. 일단 시민들의 환심을 사야 카이사르님의 후계자인 네게도 길이 열리지 않을까?"

"시민들의 환심을 사려면 뭘 해야 하지?"

이번엔 아그리파가 대답했다.

"보통은 콜로세움에서 대형 검투 경기를 개최하고, 온 로마 시내가 떠들썩할 정도의 축제를 벌이지."

"당연한 말이지만 문제는 내게 검투 경기와 축제를 열 만한 돈이 없다는 거야."

"그럼 후원자를 찾아야겠네요."

팔을 번쩍 쳐드는 이지를 향해 옥타비아누스가 고개를 끄덕였다.

"그래서 키케로를 만나려고 해."

"예에, 키케로라고요?"

이지가 황당한 표정을 지었다.

"하지만 키케로는 원로원 의원들 중 대표적인 공화파잖아요. 카이사르님과도 사이가 굉장히 나빴다던데, 옥타비아누스의 후원자가 되려고 하겠어요?"

"안토니우스는 카이사르님의 충복이었던 레피두스의 갈리아 원정군까지 끌어들여 공화파를 몰아내는 데 성공했지. 이대로 가면 로마는 카이사르님에 이어 안토니우스의 세상이 될 판이야. 로마의 공화정을 지키는 데 목숨을 건 키케로가 이 상황을 받아들일 수 있을까?"

그제야 이지가 눈을 크게 뜨며 중얼거렸다.

"안토니우스를 견제하기 위해서 옥타비아누스를 도울 거란 말이군요?"

"서른여덟 살의 노련한 장군보다는 열여덟의 애송이가 훨씬 다루기 편할 테니까."

"……."

이지가 감탄스런 표정으로 옥타비아누스의 얼굴을 바라보았다. 그는 더 이상 애송이로 보이지 않았다.

다음 날 오전에 옥타비아누스는 아그리파, 이지와 함께 키케로의 저택을 방문했다. 그리 넓지는 않지만 수많은 책들이 깔끔하게 정돈된 서재로 안내받은 이지는 집주인의 치밀한 성격을 충분히 느낄 수 있었다. 서재 한복판의 테이블에 앉아 차를 마시며 한참을 기다렸지만 키케로는 나타나지 않았다. 옥타비아누스는 기다리기 지쳤는지 서재로 다가가 책을 구경하기 시작했다. 옥타비아누스는 그리스의 한 정원사가 집필한 '이오니아식 정원 꾸미기'란 책을 뽑더니 그것을 집중해서 읽었다.

잠시 후, 키케로가 불쑥 서재 안으로 들어왔다. 며칠 전 밤에 카이사르의 저택에서 보았을 때보다 훨씬 날카로워진 인상의 노 정치인은 이지와 아그리파 쪽은 쳐다보지도 않고 서가 앞에 서 있는 옥타비아누스를 향해 곧장 걸어갔다. 그리고 그의 손에 들린 책을 빼앗았다.

"이오니아식 정원 꾸미기……?"

굳은 표정으로 책 제목을 살피던 키케로의 입가에 희미한 비웃음이 걸렸다. 한결 경계심을 누그러뜨린 키케로가 옥타비아누스에게 책을 돌려주었다.

"옥타비아누스님은 정원 꾸미기에 관심이 많은 모양이오?"

"정원이야말로 우리의 사색을 도와주는 장소니까요."

"호오~"

흥미롭다는 듯 옥타비아누스을 바라보던 키케로가 그를 테이블로 안내했다.

"일단 앉읍시다."

자리에 마주앉은 옥타비아누스와 키케로는 한동안 말이 없었다. 옥타비아누스의 얼굴을 찬찬히 살피던 키케로가 조용히 물었다.

"어쩐 일로 방문하셨는지?"

"염치없지만 키케로님의 도움을 청하러 왔습니다."

"내게 도움을 청한다고요?"

옥타비아누스가 진지하게 말을 이었다.

"이대로 가면 안토니우스가 제2의 카이사르가 될 겁니다. 키케로님도 그것을 바라지는 않겠지요. 솔직히 안토니우스는 카이사르님보다 훨씬 포악하지 않습니까?"

"으음……."

"카이사르님을 지지했던 부호들과 귀족들에게 저를 소개시켜 주십시오. 그들의 자금으로 초대형 검투 경기와 축제를 열어 로마 시민들의 지지를 끌어내겠습니다."

"그런 다음에는 곧장 정계에 진출하시겠다?"

"그래야 안토니우스를 견제할 수 있을 테니까요."

옥타비아누스의 눈을 뚫어져라 응시하던 키케로가 피식 실소했다.

"고작 열여덟 살인 그대가 안토니우스의 상대가 될 수 있을까?"

"안토니우스에게 모든 권리를 빼앗겼지만 로마 시민들과 카이사르님의 군단들은 이 옥타비아누스를 카이사르님의 진정한 후계자로 여기고 있습니다. 제가 아니면 누가 안토니우스를 상대할 수 있겠습니까?"

"흐음…… 말이야 그럴듯하지만……."

잠시 더 고민하던 키케로의 입가에 의미심장한 미소가 피어올랐다.

"정 그렇다면 한 가지 시험을 통과해 보시겠소?"

"시험이라면 어떤……?"

"로마가 굽어보이는 팔라티노 언덕에 오래된 주피터 신전이 있지 않소? 그 신전은 너무 오랫동안 보수하지 않아서 곧 허물어질 거라고들 하더군. 생전에 카이사르님께서도 시민들에게 신전의 보수를 약속하셨지만 미처 실행에 옮기지 못하고 돌아가셨다오. 지금으로부터 열흘 안에 그 신전을 깨끗이 보수해 보시오. 그럼 나도 그대의 능력을 믿고 로마 최고의 부호들을 소개시켜 드리리다."

"……."

옥타비아누스는 입을 굳게 다문 채 대답하지 않았다. 걱정스런 눈길로 옥타비아누스를 돌아보며 이지는 그가 당연히 거절하리라 생각했다. 열흘 안에 거대한 신전을 깨끗이 보수하라니? 돈도 없고, 사람도 없는 옥타비아누스에겐 불가능한 미션이었다.

"해 보겠습니다."

"당신 미쳤어요?"

옥타비아누스가 고개를 끄덕이자 이지는 저도 모르게 비명을 질렀다.

6
불가능한 시험

키케로의 집에 방문한 그날 낮에 옥타비아누스와 아그리파, 이지는 팔라티노 언덕 위에 올랐다. 키케로의 말대로 로마 시내가 한눈에 내려다보이는 곳이었다.

"우와~ 경치 한 번 죽인다!"

웅장한 원로원 청사를 중심으로 정방형으로 뻗은 대로 주변에 크고 작은 건물들이 반듯하게 정리되어 있었다. 이지가 살던 시대에도 보기 드문 완벽한 계획도시였다. 하지만 등 뒤의 다 쓰러져 가는 신전 건물만은 전혀 계획적으로 보이지 않았다.

"이게 뭐예요? 바람만 훅 불어도 쓰러질 것 같잖아요?"

이지의 말대로 신전은 폐허나 다름이 없었다. 오랫동안 아무도 돌보지 않았는지 벽은 허물어지고, 열두 개의 원주 기둥만 지붕을 떠받치고 있었다. 그런데 그 기둥마저 거미줄처럼 금이 쭉쭉 번져 당장이라도 폭삭 주저앉을 듯했다.

"하하……. 이걸 열흘 만에 고치라고요? 로마 시민 전부를 동원한다면 모를까, 도저히 불가능한 일이에요."

심각하게 신전을 응시하다가 옥타비아누스가 툭 내뱉었다.

"그럼 로마 시민 전체를 동원하면 되겠군."

"뭐, 뭐라고요?"

황당한 표정을 짓는 이지를 무시하고 옥타비아누스가 아그리파에게 말했다.

"아그리파, 이 신전의 유래에 대해 이지에게 설명해 주겠어?"

"흠흠."

헛기침을 두어 번 하더니 아그리파가 입을 열었다.

"지금으로부터 오십 년 전쯤 로마에 천연두가 창궐했어. 당시 많은 아이들이 이 악성 전염병에 희생당했지. 그때 한 예언자가 나타나 천연두의 창궐은 로마의 타락을 염려하는 주피터 신의 경고라고 질타했지. 그가 말하길, 로마가 굽어보이는 팔라티노 언덕 위에 주피터의 신전을 세우면 천연두가 사라질 것이라고 했어. 그래서 시민들은 힘을 합쳐 순식간에 신전을 세웠지. 그랬더니 거짓말처럼 전염병이 사라진 거야. 기뻐서 춤추는 시민들을 향해 예언자는 마지막으로 경고했다더군. 먼 훗날 신전이 무너지면 다시 전염병이 창궐할 거라고 말이야. 그리고 전염병으로 아이를 잃게 될 집의 대문에는 양의 피로 붉은 동그라미 표시가 그려질 거라고 했어. 서둘러 신전을 완성하지 않는 한, 저주의 표식을 받은 집에서는 절대 죽음의 그림자를 피할 수 없을 것이라는 불길한 예언만 남긴 채 그는 홀연히 사라졌대."

"……."

이지가 눈을 멀뚱멀뚱 뜬 채 아그리파와 옥타비아누스를 바라보았다. 신전 보수 공사와 저 황당한 전설이 무슨 상관이란 말인가.

옥타비아누스가 차분하다 못해 무심한 목소리로 말했다.

"지금 당장 누군가 신전을 무너뜨리고, 대문마다 양의 피로 동그라미를 그려 놓는다면 어떻게 될까?"

"아아……!"

이지는 그제야 알겠다는 듯 신음소리를 내며 옥타비아누스의 얼굴을 바라보았다. 이지가 보기에 옥타비아누스는 천재가 분명했다. 그리고 비록 열여덟 살의 어린 나이지만 안토니우스의 상대로 손색이 없었다. 키케로든, 안토니우스든 이 젊은 청년을 우습게 여겼다간 머지않아 큰코다치게 될 거라고 이지는 확신했다.

쿠콰콰콰쾅!

요란한 굉음과 함께 신전은 폭삭 주저앉고 말았다. 옥타비아누스와 아그리파가 소를 열 마리나 구해 와 이미 쇠약해질 대로 쇠약해진 기둥 하나에 밧줄로 연결했고, 옥타비아누스가 소를 끌고 전진하자 결국 기둥이 무너지며 건물 전체가 허물어진 것이다.

"콜록…… 콜록……!"

자욱한 흙먼지에 갇혀 이지는 기침을 토했다.

"빨리 타! 꾸물거릴 시간이 없다!"

옥타비아누스가 어느새 말에 올라타 이지를 향해 손을 내밀었다. 이지가 등 뒤에 타자마자 옥타비아누스가 바람처럼 언덕을 달려 내려가기 시작했다. 하늘에 닿을 듯 치솟은 흙먼지는 언덕 아래에서도 보일 테니, 최대한 빨리 도망치는 게 상책이었다.

그날 밤 늦게 옥타비아누스와 아그리파, 이지는 물론 옥타비아와 집안의 노예들까지 물통과 붓 하나씩을 들고 어둑한 거리를 달렸다. 물통에는 역한 비린내를 풍기는 양 피가 출렁거리고 있었다. 걸음을 멈추지 않은 채 옥타비아누스가 노예들에게 빠르게 설명했다.

"각자 구역을 나눠서 대문마다 큼직하게 동그라미를 그려 놓도록. 순찰병에게 들키면 안 되니까 각별히 조심해야 해."

"알겠습니다."

정방형의 갈림길에서 노예들은 뿔뿔이 흩어졌다. 옥타비아누스와 아그리파도 각자의 길로 사라졌다. 이지는 잔뜩 겁에 질린 옥타비아와 함께 가운데 길로 내달렸다. 숨을 헐떡이며 옥타비아가 투덜거렸다.

"양 피로 동그라미를 그려서 뭘 어쩌자는 거야?"

"옥타비아누스에게 생각이 있겠죠. 우린 그냥 시키는 대로 하자고요, 언니."

"이지 네가 그렇다면 그런 거겠지, 뭐. 나는 왠지 이지의 말이라면 무조건 믿음이 가."

"에이~ 왜 갑자기 치켜세우고 그래요?"

"농담이 아니야. 나는 이지가 옥타비아누스의 새로운 여자친구가 되어 주었으면 해."

"……?"

"표현은 안 하지만 옥타비아누스도 이지를 믿고 있어. 그러지 않고서는 만난 지 며칠 되지도 않은 아가씨에게 이렇게 중요한 임무를 맡길 리가 없잖아?"

"으음……."

이지는 골똘히 생각해 보았다. 그러고 보니 옥타비아의 말이 맞는 것도 같았다. 옥타비아누스가 자신을 좋아할지도 모른다고 생각하니 심장이 쿵쿵거리며 귓불이 발갛게 달아오르는 게 느껴졌다. 어쨌든 그는 주노를 쏙 빼닮은 과묵한 남자가 아닌가. 으윽~ 내가 지금 무슨 상상을 하는 거지? 이지는 고개를 획획 가로저었다. 로마 전체에서 유일하게 리비아의 희생을 알고 있는 자신이 옥타비아누스에게 특별한 감정을 품는다는 건 있을 수 없는 일이었다.

이지가 바로 옆에 보이는 대문을 향해 걸어가며 속삭였다.

"쓸데없는 생각 말고 빨리 동그라미나 그리자고요."

이지와 옥타비아는 통에 든 핏물로 집집마다 동그라미를 그려 넣기 시작했다. 경비병의 발자국 소리가 들릴 때마다 둘은 혼비백산해서 어두운 골목 안으로 몸을 숨겨야 했다. 온몸이 땀에 젖고 역한 피비린

내가 코를 찔렀지만 두 사람은 포기하지 않고 계속 동그라미를 그렸다. 오늘 밤 로마의 시민들은 이마에 동그란 표식이 그려지는 악몽에 시달릴지도 모른다고 이지는 생각했다.

이지의 예상대로 다음 날 아침 로마 전체가 발칵 뒤집혔다. 집 밖으로 나온 시민들은 대문에 피로 그려진 동그라미를 발견하고 경악했다. 곧이어 팔라티노 언덕의 주피터 신전이 허물어졌다는 충격적인 소식이 전해졌다.
"으아아…… 그 전설이 사실이었구나!"
"이제 로마에 다시 천연두가 창궐할 거야."
"동그란 표식이 있는 집에서는 반드시 어린아이가 죽어나가겠지."
흉흉한 소문은 꼬리에 꼬리를 물고 이어졌다. 그날 오후가 되기 전에 로마는 걷잡을 수 없는 혼란에 빠졌다. 할 수 없이 집정관인 안토니우스와 키케로까지 나서서 시민들을 진정시키기 위해 연설했지만 그래도 소동은 가라앉지 않았다. 시민들은 안토니우스를 향해 동그라미의 표식을 받은 자신들에게 저주가 떨어지기 전에 팔라티노 언덕의 신전을 보수해 달라고 부탁했다. 하지만 안토니우스는 로마의 심각한 치안 상태와 재정 상태를 고려해 당장은 불가능하다고 대답했다.

그날 저녁, 안토니우스는 씩씩대며 원로원 안으로 들어섰다. 그의 뒤를 오른팔인 클라우디우스가 따르고 있었다. 원로원에 입장할 때는 무장을 해제해야 했지만 안토니우스와 클라우디우스는 허리에 검을 찬 상태였다. 브루투스와 카시우스까지 로마 밖으로 쫓아낸 안토니우스에게 거칠 것이라곤 없었다.

원로원의 텅 빈 회의장 한복판에 버티고 서서 안토니우스가 쩌렁쩌렁 소리를 질렀다.

"키케로! 키케로! 당장 나오시오!"

키케로가 몇몇 늙은 의원들과 함께 안쪽에서 걸어 나왔다. 안토니우스가 성난 얼굴로 다가섰다.

"대체 왜 팔라티노 언덕의 신전 보수 공사를 말린 거요?"

다른 의원들은 겁을 잔뜩 집어먹었지만 키케로는 한 치의 흐트러짐도 없이 답했다.

"주피터 신전을 복구하려면 엄청난 돈이 필요하오."

안토니우스가 바깥쪽을 가리키며 분통을 터뜨렸다.

"그래도 했어야지! 로마 시민들이 이 안토니우스를 원망하는 소리가 들리지 않는단 말이오?"

"지난 몇 주 동안 안토니우스님은 시민들의 환심을 사려고 막대한 국고를 낭비했소. 이대로 가면 로마 전체가 파산을 면치 못할 거요. 더구나……"

"더구나 뭐요?"

"그 신전은 카이사르님께서 보수 공사를 하려다가 시해당하는 바람에 멈춘 곳이오."

"그게 뭐 어쨌다는 거요?"

"요즘 카이사르님의 추종자들 사이에서 그분을 신격화하려는 움직임이 있다는 사실을 알고 있습니까?"

안토니우스가 힐끗 클라우디우스를 돌아보았다. 클라우디우스가 사실이라는 듯 고개를 끄덕였다. 안토니우스의 시선이 다시 키케로에게로 향했다.

"그게 대체 나와 무슨 상관이란 말이오?"

키케로의 눈동자가 예리하게 빛났다.

"안토니우스님은 카이사르님이 신으로 추앙받는다 해도 아무렇지도 않단 말입니까? 그렇게 되면 안토니우스님은 영영 그분과 같은 지위에 오를 수 없을 텐데요."

"……!"

안토니우스는 찢어질 듯 눈을 부릅떴다. 부풀어 오른 그의 동공으로 질투와 탐욕과 선망이 한꺼번에 스치고 지나갔다. 안토니우스가 흠흠, 헛기침을 하며 말했다.

"내가 키케로님을 오해했던 것 같소. 키케로님이야말로 로마 제일의 현자시오."

"과찬의 말씀을."

희미하게 미소 짓는 키케로를 뒤로하고 안토니우스가 돌아섰다. 클라우디우스는 찜찜한 표정으로 키케로를 힐끔거리며 안토니우스를 따라갔다. 안토니우스의 모습이 회의장 밖으로 완전히 사라지자, 키케로의 얼굴에서 웃음기가 싹 가셨다. 의원들이 그를 향해 걱정스럽게 말했다.

"주피터 신전은 보수해야 합니다."

"이대로 두면 폭동이 일어날 거예요."

키케로가 자신만만하게 말했다.

"물론 주피터 신전은 보수되어야 합니다. 하지만 안토니우스의 손에 의해서는 아닙니다."

"그럼 대체 누가 해야 한다는 겁니까?"

"글쎄요…… 과연 누구일까요?"

원로원 의원들의 걱정대로 그날 밤 로마에서는 폭동이 일어났다. 하지만 폭도들은 도시에 불을 지르는 대신 팔라티노 언덕으로 향했다.

"안토니우스와 원로원이 우리를 배신했다!"

"팔라티노 언덕으로 가자!"

"우리의 손으로 신전을 다시 세우자!"

햇불을 밝혀 들고 몰려가는 수많은 군중들 속에 옥타비아누스와 아그리파, 옥타비아, 이지도 섞여 있었다. 숫자를 헤아리기도 힘든 햇불의 행렬이 로마 시내에서 가장 높은 팔라티노 언덕으로 줄줄이 이어졌다. 그리고 시민들은 누가 시키지도 않았는데 무너진 신전으로 달려들어 잔해 더미를 치우기 시작했다.

옥타비아누스와 나란히 선 이지가 땀을 뻘뻘 흘리며 자발적으로 일하는 시민들을 바라보며 감격스런 듯이 중얼거렸다.

"옥타비아누스는 정말 대단해요. 시민들이 정말 신전을 다시 세울 줄은 몰랐어요."

"자신의 아이가 죽는다고 생각해 봐. 누군들 움직이지 않을 수 있겠어?"

옥타비아누스는 덤덤하게 말했지만 그를 돌아보는 이지의 시선에는 경외심이 가득했다. 순간 옥타비아누스도 고개를 돌려 이지와 시선을 맞추었다. 신중하게 빛나는 그의 눈동자 속에 이지의 얼굴이 들어 있었다.

어디선가 따스한 밤바람이 불어왔다. 주위의 소음이 아득해지며 기원전의 로마에 옥타비아누스와 이지 단둘만이 남겨진 것 같았다. 이러지 마, 윤이지. 리비아를 생각해야지. 이지는 고개를 세차게 흔들어 상념에서 깨어났다. 그리고 옥타비아누스를 피하기 위해 팔을 걷어붙이며 신전으로 달려갔다.

"보고만 있지 말고 우리도 돕자고요."

이지의 뒷모습을 지켜보던 옥타비아누스도 그녀를 따라 걸음을 옮겼다. 그날 새벽까지 네 사람은 손에 물집이 잡히도록 돌을 치웠다.

다음 날도, 그 다음 날도 공사는 계속되었다. 점점 더 많은 시민들이 공사에 참여했다. 수많은 시민들이 개미 떼처럼 달라붙어 원주 기둥을 다듬고, 그것을 세워 지붕을 떠받쳤다. 그렇게 열흘째 아침이 되었을 때, 신전은 마침내 완벽하게 복구되었다.

"와아아!"

"로마 만세!"

"주피터 신 만만세!"

서로를 얼싸안고 환호하는 시민들을 보며 이지와 아그리파, 옥타비아는 뿌듯하게 웃었다. 옥타비아누스는 여전히 아무런 표정도 보이지 않았다. 하지만 이지는 알고 있었다. 동쪽 하늘에서 서서히 떠오르는 햇살을 받아 하얗게 빛나는 신전을 바라보며 그가 벅찬 감동을 느끼고 있다는 사실을.

마차 한 대가 흙먼지를 일으키며 달려와 옥타비아누스 앞에 멈추었다. 마차에서 내리는 사람은 키케로 의원이었다.

"의원님."

정중히 인사하는 옥타비아누스에게 고개를 까닥인 후, 키케로는 완성된 신전과 주변에서 환호하는 시민들을 바라보았다. 키케로의 입가에 흡족한 미소가 걸렸다.

"정말 열흘 만에 신전을 보수했군."

"시민들의 도움 덕분입니다."

"시민들을 움직인 사람은 자네가 아닌가."

옥타비아누스의 눈이 반짝 빛났다.

"그럼 이제 저의 후견인이 되어 주시는 겁니까?"

"물론이지. 나는 한 번 입 밖으로 내뱉은 말을 어기는 사람이 아닐세."

"감사합니다, 아버님."

"아, 아버님?"

"카이사르님께서 돌아가신 지금 제게는 키케로님이 아버님 같은 분이십니다. 부디 양부라 부를 수 있도록 해 주십시오."

"흐음……."

잠시 고민하던 키케로가 고개를 끄덕였다.

"자네가 원한다면 그렇게 하게."

"정말 감사합니다."

두 사람을 지켜보는 아그리파와 옥타비아의 표정도 환해졌다. 원로원 최고의 거물인 키케로를 양부로 모시게 되었다는 것은 옥타비아누스가 최고 권력에 이르는 사다리에 올라탔다는 의미였다. 아그리파가 이지에게 속삭였다.

"두고 봐, 이지. 이제야말로 옥타비아누스는 카이사르님의 후계자로 인정받게 될 테니까."

며칠 후에 키케로의 저택에서 로마를 대표하는 부호들과 귀족들이 모였다. 쟁쟁한 실력자들이 같은 장소에 모인 이유는 단 한 가지 이유 때문이었다. 그들 모두 옥타비아누스를 보고 싶어 했다. 옥타비아누스는 어느 때보다 단정하게 차려 입고 아그리파와 이지를 거느리고 실력자들 앞으로 나섰다. 그리고 정중하면서도 당당한 태도로 자신을 소개했다.

"카이사르님이 유언장을 통해 인정하신 유일한 후계자 옥타비아누스입니다. 여러분이 저를 후원해 주신다면 카이사르님의 유지를 받들어 더욱 강력한 로마를 건설하는 데 이 목숨을 바칠 것입니다."

"……."

좌중은 한동안 침묵했다. 로마의 실력자들은 아직 이 애송이를 어떻게 대해야 할지 결정을 내리지 못한 것 같았다.

짝짝짝짝!

이때 누군가 박수를 치기 시작했다. 휘둥그레진 눈으로 돌아보는 실력자들 사이에서 키케로가 천천히 일어서며 박수를 치고 있었다. 그것으로 옥타비아누스에 대한 모든 의구심은 사라졌다. 부호들과 귀족들도 앞다퉈 일어서며 열렬히 박수를 치기 시작했다.

여유 있게 미소 지으며 지지자들을 둘러보는 옥타비아누스에게선 이미 영웅의 풍모가 풍기고 있었다.

"와아아아!"

햇살이 유난히 따사로운 낮, 옥타비아누스와 이지, 아그리파, 옥타비아 그리고 아티아까지 엄청난 함성이 울려 퍼지는 콜로세움의 귀빈석에 앉아 있었다. 드디어 부호들의 지원을 받은 옥타비아누스가 검투 대회를 개최한 것이다. 카이사르가 암살당한 후 열린 최대 규모의 검투 대회인지라 사람들의 관심이 엄청났다.

수만의 관중들이 꽉 들어찬 스탠드 아래쪽 원형의 경기장에서 창검으로 무장한 근육질의 검투사들이 피를 뿌리며 혈투를 벌였다. 가끔씩 운동장 좌우편의 창살문이 열리며 호랑이와 사자 같은 맹수들도 뛰어나왔다. 맹수들은 곧 검투사들과 피를 뿌리며 싸움을 벌였다.

"꺄악~ 너무 잔인해!"

이지는 양손으로 얼굴을 가린 채 연신 비명을 질렀다. 하지만 이지를 제외한 사람들의 반응은 가히 폭발적이었다. 옥타비아까지 자리를 박차고 일어나 주먹을 휘둘렀다.

"멍청아, 한 방에 해치워 버려!"

어떻게 사람끼리 싸움을 붙여 놓고 좋아할 수 있는지 이해하기 힘들었지만 이지는 '로마에 가면 로마의 법을 따르라!'라는 속담에 충실하기로 마음먹고 꾹 참았다.

해가 뉘엿뉘엿 넘어갈 무렵이 되어서야 끔찍이도 길었던 검투대회가 끝났다. 원형 경기장 곳곳이 온통 벌건 피로 물들었다. 피에 흥분한 시민들은 경기장을 떠날 생각을 않고, 핏빛 노을에 물든 하늘을 향해 소리를 질러댔다.

"옥타비아누스!"

"옥타비아누스!"

"옥타비아누스!"

옥타비아누스가 테라스식의 귀빈석 가장자리로 걸어 나왔다. 그리고 시민들을 향해 팔을 번쩍 쳐들며 선언했다.

"나는 로마 시민의 친구인 율리우스 카이사르님의 양자 옥타비아누스요! 오늘 이 경기는 카이사르님의 후계자인 내가 시민들께 바치는 작은 선물이니, 오늘부터 사흘 밤낮동안 마음껏 마시고 즐겨주기 바라오! 모든 비용은 이 옥타비아누스가 지불할 것이오!"

"우와아아아ㅡㅡ!"

옥타비아누스의 연설이 끝나기 무섭게 콜로세움이 떠나갈 듯한 함성이 진동했다. 이지와 옥타비아, 아그리파가 감격스런 눈으로 시민들의 환호에 답하는 옥타비아누스를 바라보았다. 이때 이지는 이상한 기분을 느끼고 뒤를 돌아보았다. 어느새 갑옷으로 무장한 안토니우스와 클라우디우스가 나타나 옥타비아누스를 무섭게 쏘아보고 있었던 것이다.

이지가 급히 아그리파를 불렀다.

"옥타비아누스를 지켜요."

"자네는 나서지 말게."

검을 뽑으려는 아그리파를 키케로가 제지했다. 키케로는 자신이 직접 옥타비아누스의 곁으로 다가갔다. 그리고 옥타비아누스의 어깨에 손을 얹으며 관중들을 향해 손을 흔들었다. 원로원에서 최고의 존경을 받는 키케로가 옥타비아누스의 후견인임을 자처하자 시민들은 더욱 열광했다.

옥타비아누스를 후원하기로 약속했던 다른 의원들과 실력자들도 하나둘 자리에서 일어서 키케로처럼 옥타비아누스의 주위에 늘어섰다. 이지는 재빨리 안토니우스의 안색을 살폈다. 살벌한 표정을 짓고 있었지만 시민들이 지켜보는 앞에서 옥타비아누스와 의원들을 해칠 정도로 어리석어 보이지는 않았다. 이를 갈아붙이던 안토니우스가 마침내 클라우디우스를 데리고 사라졌다. 그제야 이지는 안도의 한숨을 내쉴 수 있었다.

"율리우스 카이사르!"

"카이사르의 후계자 옥타비아누스!"

"율리우스 카이사르!"

"카이사르의 후계자 옥타비아누스!"

시민들은 이제 카이사르와 옥타비아누스의 이름을 함께 부르짖고 있었다. 그야말로 옥타비아누스가 간절히 바라던 상황이었다.

해가 바뀔 때까지 옥타비아누스는 돈을 펑펑 쓰며 검투 경기와 축제를 연달아 개최했다. 이제 로마에서 옥타비아누스라는 이름을 모르는 사람은 존재하지 않게 되었다. 중요한 것은 시민들이 옥타비아누스를 카이사르의 후계자로 여긴다는 것이었다. 시민들은 카이사르가 귀족들의 힘을 누르고 시민들을 위해 애써 주었듯이 옥타비아누스도 같은 역할을 해 주길 바랐다. 하지만 옥타비아누스는 아직 정계에 입문하지 않아 시민들의 호응에 부응할 수가 없었다. 바로 안토니우스의 견제 때문이었다. 키케로 등이 아무리 도와준다고 해도 그에게는 아직 안토니우스에게 맞설 군대가 없었다.

유난히 혹독했던 겨울이 지나고 다시 봄이 찾아올 무렵, 옥타비아누스에게 기회가 생겼다. 카이사르 밑에서 싸웠던 갈리아 원정군이 순환 근무를 위해 로마로 속속 귀환했던 것이다. 여러 명의 백인장과 장군들이 비밀리에 옥타비아누스를 찾아왔다. 그리고 시민들처럼 옥타비아누스를 카이사르의 후계자로 인정하고 충성을 맹세했다.

처음에는 그 숫자가 몇 명 되지 않았지만 봄이 끝나고 여름이 시작될 무렵, 로마 시내에서 옥타비아누스를 따르는 병력이 수천을 헤아리게 되었다. 하지만 아직은 부족했다. 안토니우스에게는 로마 내외에 수만의 정예 병력이 포진해 있었기 때문이다. 옥타비아누스로선 오히려 지금이 더 위험한 시기라고 할 수 있었다. 안토니우스가 경쟁자의 싹을 자르려고 마음먹는다면 한순간에 모든 것을 잃게 될지도 모르는 것이다. 그래서 옥타비아누스는 몸을 더욱 낮추고 기회를 엿보았다.

초여름의 화창한 오후, 옥타비아누스는 아그리파, 이지, 옥타비아와 함께 후원의 커다란 나무 그늘 아래서 느긋하게 '페르시아 전쟁사'를 읽고 있었다. 옥타비아와 딸기를 먹고 있던 이지가 그에게 문득 물었다.

"요즘은 정치와 전쟁에 관한 책만 읽네요? 전에 키케로님의 서재에서는 '이오니아식 정원 꾸미기'란 책을 읽지 않았던가요? 원래 정원 꾸미기에 관심이 많다면서요."

옥타비아누스가 책장에 시선을 고정시킨 채 건성으로 대답했다.

"어떤 바보가 정원 꾸미기 따위를 좋아하겠어?"

"그럼 그때는 왜……?"

옥타비아누스가 이지를 힐끗 보았다.

"그야 키케로를 안심시키기 위해서였지. 나는 비록 애송이에 불과했지만 그는 카이사르가 과연 왜 이런 어린아이를 후계자로 지목했을까, 하고 의심하고 있었거든."

"그래서 일부러 '이오니아식 정원 꾸미기'라는 책을 보고 있었다는 거예요?"

"키케로는 정치가이자 유명한 문장가이기도 하지. 그런 사람이라면 당연히 어떤 책을 읽느냐로 상대방을 판단하려고 하지 않겠어?"

"하아……."

이지는 감탄을 넘어 옥타비아누스가 살짝 무섭다는 생각까지 들었다. 이때 노예가 달려와 손님이 찾아왔다고 알려주었다.

옥타비아누스가 책에서 시선을 떼지 않은 채 말했다.

"누군지는 모르지만 웬만하면 그냥 돌려보내도록 해라."

"그것이…… 갈리아에서 오신 레피두스 장군이라고 하시는뎁쇼."

"레피두스라고?"

이지는 맹세컨대 옥타비아누스가 그렇게까지 놀라는 것은 처음 보았다. 의자를 박차고 일어선 옥타비아누스는 대문을 향해 전속력으로 달려갔다. 그리고 언젠가 카이사르의 저택에서 유언장을 공개할 때, 안토니우스의 편에 서 있었던 갈리아 원정군 사령관 레피두스 장군을 극진한 태도로 거실로 안내했다.

레피두스 장군이 옥타비아누스를 찾아온 이유는 간단했다.

"나는 카이사르님께 충성을 바치던 장군이오. 당연히 그분의 후계자인 옥타비아누스님께 충성을 다하려고 했소. 그런데 안토니우스 장군이 계속 옥타비아누스님을 경계하는 바람에 마음을 전할 수가 없었지요. 이제라도 받아 주신다면 카이사르님께 그랬듯이 옥타비아누스님을 위해 충성을 다하겠습니다."

물론 옥타비아누스는 레피두스 장군의 말을 곧이듣지 않았다. 이 시기심 많은 장군은 안토니우스의 총애가 클라우디우스에게 쏠리는 것을 참지 못하고 배를 바꿔 타려는 것이다. 그러나 옥타비아누스는 그런 내색은 전혀 하지 않고, 레피두스의 손등에 입을 맞추며 진심 어린 표정으로 말했다.

"장군의 용기와 충성심에 경의를 표합니다. 이제 나와 안토니우스 장군과 레피두스 장군이 힘을 합쳐 로마를 이끌어 가야 한다고 생각합니다."

레피두스의 지원을 등에 업은 옥타비아누스는 이제 군사력에서도 안토니우스에게 밀리지 않게 되었다. 이 힘을 바탕으로 옥타비아누스는 정계에 진출, 불과 열아홉 살의 나이에 집정관이 되었다. 물론 키케로 등 원로원의 전폭적인 지원이 있었기에 가능한 일이었지만, 어려운 시절을 참고 견뎌낸 본인의 인내와 노력이 없었다면 불가능할 파격적인 성과였다.

"고작 열아홉 살짜리가 집정관이라고? 옥타비아누스는 물론 키케로 이 늙은이도 용서하지 않겠다!"

격분한 안토니우스는 그날 밤이 가기 전에 직접 병력을 이끌고 옥타비아누스의 저택으로 향했다. 하지만 저택 앞에는 이미 옥타비아누스와 레피두스의 병력이 횃불을 대낮처럼 밝힌 채 대기하고 있었다.

수만의 병력이 로마 한복판에서 대치했다. 시민들은 문을 꼭꼭 걸어 잠근 채 바깥의 동정에 귀를 기울였다. 안토니우스가 클라우디우스와 함께 앞으로 나서며 외쳤다.

"옥타비아누스, 전쟁이 애들 장난인 줄 아느냐? 꽃다운 나이에 지옥으로 떨어지고 싶지 않거든 당장 항복해라!"

레피두스, 아그리파, 이지를 거느린 옥타비아누스는 침착하게 응수했다.

"물론 나는 전쟁을 모릅니다. 하지만 내 등 뒤에 있는 병사들은 갈리아에서 카이사르님과 함께 싸운 역전의 용사들입니다."

"와아아아!"

옥타비아누스의 진영에서 함성이 터져 나왔다

"저 애송이 녀석을 그냥!"

안토니우스가 검을 뽑고 돌격하려는 순간 날카로운 외침이 들려왔다.

"싸움을 멈추시오!"

옥타비아누스와 안토니우스가 동시에 소리 나는 곳을 돌아보았다. 원로원 의원들을 거느리고 걸어 오는 키케로의 모습이 보였다. 키케로를 바라보는 안토니우스의 눈에 핏발이 섰다.

"저 늙은이가 또 무슨 수작을 부리려고……?"

키케로가 옥타비아누스와 안토니우스의 중간에 서서 말했다.

"원로원은 로마의 두 집정관인 안토니우스와 옥타비아누스가 내전을 벌이려는 상황에 대해 크게 우려하고 있소. 이에 우리는 로마의 평화를 위해 두 사람이 화해할 것을 간곡히 요구하는 바이오."

안토니우스가 분통을 터뜨렸다.

"닥쳐라, 늙은이! 옥타비아누스를 위해 시간을 벌어 주려는 속셈이 아니냐?"

키케로의 입가에 냉소적인 미소가 떠올랐다.

"안토니우스 장군, 방금 원로원과 로마 시민 전체를 적으로 돌리겠다고 선언한 것이오?"

"그렇다면 어쩔 테냐?"

검을 뽑으며 키케로에게 달려가려는 안토니우스를 클라우디우스가 막았다.

"클라우디우스, 비키지 않으면 너부터 베겠다!"

"제발 진정하시고 제 말을 들어 주십시오."

흥분하여 날뛰는 안토니우스를 클라우디우스가 조용히 설득하기 시작했다.

"옥타비아누스와 레피두스라면 몰라도 원로원까지 적으로 돌려선 안 됩니다. 그리스로 도주한 브루투스와 카시우스를 잊으신 겁니까?"

"크흐음······."

안토니우스는 신음을 흘렸다. 그리스에서는 쫓겨난 브루투스와 카시우스가 열 개나 되는 군단을 모아 호시탐탐 로마로 진격할 기회를 엿보고 있었다. 만약 오늘 밤 안토니우스가 키케로와 원로원 의원들을 해친다면 공화파의 군단들은 옥타비아누스가 아니라 안토니우스를 적으로 선언할 것이 분명했다.

옥타비아누스가 기회를 놓치지 않고 말했다.

"안토니우스님, 원로 분들도 와 계시니 오늘은 이만하고 끝냅시다. 대신 내일 안토니우스님을 찾아뵙고 정식으로 화해를 청하겠습니다."

"······."

안토니우스는 아무 말도 하지 않고 옥타비아누스를 째려보았다. 키케로가 안토니우스를 달래듯이 말했다.

"두 집정관이 화해한다면 로마로선 이보다 기쁜 일이 없겠소."

여전히 아무 말도 없는 안토니우스의 귀에 대고 클라우디우스가 기분 나쁜 표정으로 또 무슨 말을 속삭였다. 이지는 가끔씩 옥타비아누스 쪽을 힐끔거리는 클라우디우스의 눈빛이 영 마음에 들지 않았다. 클라우디우스의 충고를 모두 들은 안토니우스가 옥타비아누스를 향해 물었다.

"내일 나를 찾아오겠다는 말은 진심이냐?"

"물론입니다."

"좋다, 그렇다면 내일 저녁 클라우디우스의 집으로 오도록."

"클라우디우스의 저택으로 말입니까?"

"그렇다. 나는 당분간 그의 집에서 묵을 예정이다."

잠시 생각하던 옥타비아누스가 고개를 끄덕였다.

"알겠습니다."

그것으로 그날 밤의 위기는 일단락되었다. 안토니우스가 떠나자마자 옥타비아누스는 키케로에게 달려갔다. 그리고 머리를 깊숙이 조아렸다.

"감사합니다, 양부님. 양부님 덕분에 위기를 넘길 수 있었습니다."

"그런 말 마시게. 로마 공화정의 수호자인 자네를 지키는 것이야말로 우리 원로들의 임무가 아니겠는가?"

"공화정을 위해 목숨을 바칠 것입니다."

키케로를 향해 다짐하는 옥타비아누스를 곁에서 지켜보며 이지는 고개를 갸웃했다. 짧은 순간, 옥타비아누스의 입가를 스치는 비웃음을 본 것 같았기 때문이다. 하지만 평소 표정이라곤 없는 옥타비아누스가 양부로 모시는 키케로 앞에서 그런 미소를 지었을 리 없다고 생각하며 이지는 곧 잊어 버렸다.

7
애증의 관계

 다음 날 점심 무렵 옥타비아누스는 레피두스, 아그리파, 이지 그리고 수십 명의 경호 병력을 대동하고 클라우디우스의 저택으로 향했다. 수백 명의 병력이 지키고 있는 저택의 대문을 통과하며 이지가 불안한 듯 소곤거렸다.
 "괜찮을까요? 안토니우스가 나쁜 마음을 품으면 우리는 꼼짝없이 당할 텐데요?"
 "로마 시민들이 오늘의 회동에 대해 다 알고 있어. 그런데도 암살을 감행한다면 안토니우스는 나를 죽일지라도 절대 권좌에 오를 수는 없어. 그는 그 정도로 멍청한 남자는 아니지."
 이지가 긴장을 늦추지 않은 채 말했다.
 "내가 걱정하는 건 안토니우스가 아니라 클라우디우스예요. 그는 자신의 이익을 위해서라면 무슨 짓이든 할 사람이거든요."

저택의 거실 안으로 들어서던 옥타비아누스가 우뚝 걸음을 멈추었다. 그를 따르던 레피두스와 아그리파, 이지도 놀란 표정을 지었다. 세 사람을 맞이한 것이 놀랍게도 리비아였기 때문이다. 더욱 놀라운 것은 그녀가 임신 중이라는 사실이었다. 팔라로 애써 가리고 있었지만 불룩해진 아랫배를 완전히 감출 수는 없었다. 리비아가 이지를 향해 쑥스럽게 미소를 지었다.

"이지, 안녕?"

"그, 그래. 안녕?"

리비아의 시선이 이지 옆에 서 있는 옥타비아누스에게로 향했다.

"오빠도 잘 지냈어요?"

"······."

옥타비아누스는 눈을 부릅뜬 채 리비아의 배만 뚫어져라 쳐다보았다. 무거운 침묵이 리비아와 옥타비아누스 사이에 흘렀다. 이때 리비아의 남편인 클라우디우스가 거실 안쪽에서 걸어 나왔다.

"어서 오십시오, 옥타비아누스님. 제 아내 리비아와 인사는 나누셨습니까?"

클라우디우스가 여봐란 듯이 리비아의 어깨를 안으며 이죽거렸다.

"리비아가 임신을 했지 뭡니까? 저는 아들을 원하는데, 리비아는 귀여운 딸을 원하더군요."

이지는 옥타비아누스를 걱정스럽게 돌아보았다. 애써 태연한 척하고 있었지만 허리 아래서 움켜쥔 주먹이 부르르 떨리는 것을 이지는 놓치지 않았다. 아마도 맨발로 지옥의 불구덩이 속을 통과하는 기분일 테지. 이지는 이런 순간조차 무표정을 유지하려고 애쓰는 옥타비아누스가 가여워서 견딜 수가 없었다. 이지가 그의 팔짱을 끼며 거실 안쪽으로 빠르게 걸음을 옮겼다.

"이만 들어가요."

거실 안쪽 페르시아 양탄자 위에는 온갖 산해진미가 차려져 있었다. 안토니우스가 가운데 상석에 앉아 음식을 먹어치우고 있다가 옥타비아누스를 발견하고 술잔을 쳐들었다.

"여어~ 드디어 나타나셨군."

그때부터 먹고 마시는 연회가 시작되었다. 리비아는 저택의 안주인으로서 여자 노예들과 함께 손님들의 시중을 들었다. 옥타비아누스는 그녀 쪽으론 눈길 한 번 주지 않았다. 흑인 노예들이 나타나 악기를 연주하자 그리스 무희들이 너울너울 춤을 추기 시작했다 분위기가 무르익을 무렵, 리비아가 이지 앞으로 다가와 양갈비 구이를 내밀었다.

"이지, 이것도 좀 먹어 봐."

"고마워, 리비아."

이지가 갈비를 잡으려고 하는 순간, 리비아가 그녀의 손에 번개처럼 쪽지를 쥐어 주었다. 이지는 잠시 움찔했지만 이내 태연히 양갈비를 뜯기 시작했다.

"무슨 갈비가 이렇게 부드럽지? 고기가 아니라 꼭 딸기를 씹는 기분이야."

클라우디우스의 시선이 안토니우스와 대화를 나누는 옥타비아누스에게 쏠려 있음을 확인한 이지가 슬쩍 손바닥을 펼쳤다. 작은 쪽지에는 단 두 개의 문장이 적혀 있었다.

「남편이 옥타비아누스를 노리고 있음. 당장 서재로 피신하기 바람.」

급하게 휘갈겨 쓴 문장을 확인한 순간, 이지의 안색이 핼쑥해졌다. 이지는 힐끗 고개를 돌려 안토니우스와의 대화에 열중하고 있는 옥타비아누스를 보았다. 대체 어떻게 여길 빠져나가 무사히 서재로 갈까 고민하던 이지는 문득 슬픈 기억들을 떠올리기 시작했다. 아빠의 사업이 쫄딱 망해서 좁은 집으로 이사했던 기억, 세라와 반 친구들에게 왕따를 당했던 기억 그리고 마지막으로 주노에게 버림받았다고 느꼈을 때의 그 암담한 기억까지. 갑자기 이지의 눈에서 닭똥 같은 눈물이 떨어지기 시작했다.

"흑…… 흐흑……."

옥타비아누스와 안토니우스는 물론 클라우디우스까지 황당한 듯 이지를 쳐다보았다. 옥타비아누스가 미간을 살짝 찌푸리며 말했다.

"이지, 중요한 자리에서 왜 그래?"

"우와앙~"

대답 대신 이지는 울음보를 터뜨렸다. 옥타비아누스가 할 수 없이 다가와 달랬다.

"대체 왜 그러냐고? 이유를 말해야 알지."

"다른 사람들 앞에서는 얘기하고 싶지 않아요. 조용한 곳에 가서 옥타비아누스에게만 얘기할래요."

"나 이거야 원……."

옥타비아누스가 곤란한 눈빛으로 클라우디우스를 보았다.

"죄송하지만 잠시 실례해도 괜찮을까요?"

"당연하죠. 리비아, 손님들을 다른 방으로 안내해 드려."

클라우디우스는 별 의심을 품지 않고 리비아에게 안내까지 부탁했다. 이지는 계속 훌쩍거리며 옥타비아누스, 리비아와 함께 거실을 나섰다.

리비아의 안내를 받아 서재로 들어오자마자 이지가 문을 걸어 잠그며 옥타비아누스에게 나직이 외쳤다.

"클라우디우스가 당신을 노리고 있어요!"

하지만 옥타비아누스는 믿지 못하겠다는 표정이었다.

"안토니우스와의 회담이 성공적으로 진행 중인데, 그럴 리가 없어."

리비아가 대신 설명했다.

"클라우디우스가 단독으로 꾸민 짓이에요. 수십 명의 자객이 저택 곳곳에 숨어 오빠의 목숨을 노리고 있어요."

"나를 배신하고 클라우디우스를 선택한 너의 말을 어떻게 믿지?"

"……!"

냉담한 옥타비아누스의 얼굴을 질린 듯이 바라보던 리비아가 씁쓸히 중얼거렸다.

"날 어떻게 생각하든 상관없어요. 하지만 이번만은 내 말을 믿어 줘요."

"널 믿느니 차라리 안토니우스를 믿겠다."

옥타비아누스가 리비아를 거칠게 밀치고 방문을 열려고 했다.

쿠웅!

밖에서 무언가 둔중한 물체가 방문을 두드린 것은 그때였다.

쿵! 쿵! 쿵!

"리비아! 리비아! 어서 이 문을 여시오!"

연이은 타격음에 섞여 클라우디우스의 고함도 들려왔다. 리비아가 이들을 서재로 데려갔다는 것을 알고 쫓아온 모양이었다. 그제야 옥타비아누스가 질린 듯이 중얼거렸다.

"클라우디우스가 정말 나를 노리고 있구나?"

"이제 빠져나갈 구멍도 없는데 어쩌면 좋아요?"

발을 동동 구르는 이지를 스쳐 리비아가 정면 벽의 서가로 향했다.

"걱정 마요. 서재에는 밖으로 나갈 수 있는 통로가 숨겨져 있어요."

리비아가 서가 한복판의 두툼한 책을 반쯤 뽑아내자 무거운 서가가 옆쪽으로 천천히 밀려나며 아래쪽으로 이어진 계단이 나타났다. 리비아가 어둑한 계단을 가리켰다.

"이 계단을 내려가면 저택 밖으로 빠져나갈 수 있는 비밀 통로가 나올 거예요."

"레피두스와 아그리파가 아직 저택 안에 있어."

"오빠만 무사히 빠져나가면 두 사람을 해치진 않을 거예요."

"으음……."

혼란스런 표정을 짓는 옥타비아누스를 대신해 이지가 걱정스럽게 물었다.

"우리가 이대로 떠나면 클라우디우스가 널 그냥 두지 않을 텐데?"

"난 괜찮으니까 어서 가. 이젠 정말 시간이 없어."

힘없이 미소 짓는 리비아의 얼굴을 바라보던 옥타비아누스가 계단을 향해 돌아섰다. 이지도 연신 리비아를 돌아보며 옥타비아누스를 따라갔다.

저택 밖으로 가까스로 탈출한 두 사람은 거리를 가득 메운 행인들 틈에 섞일 수 있었다. 잠시 후, 클라우디우스가 병사들을 이끌고 쫓아왔지만 옥타비아누스와 이지의 흔적은 완전히 사라진 후였다.

그날 밤, 리비아의 예상대로 레피두스와 아그리파도 무사히 옥타비아누스의 저택으로 돌아왔다. 거실을 서성거리는 옥타비아누스를 향해 아그리파는 안토니우스가 클라우디우스의 경솔한 행동에 대해 불같이 화를 냈다고 전했다. 안토니우스가 내일 정오에 직접 옥타비아누스에게 사과하러 온다는 말과 함께. 묵묵히 듣고만 있는 옥타비아누스를 대신해 이지가 물었다.

"우리를 탈출시킨 리비아는 무사한가요?"

"……."

아그리파와 레피두스는 선뜻 대답하지 못하고 서로의 얼굴만 보았다.

"리비아가 어떻게 됐느냐고 묻고 있잖아요?"

아그리파가 옥타비아누스의 눈치를 살피며 중얼거렸다.

"우리가 나올 때 보니, 마당 한복판에 묶여서 노예처럼 매질을 당하고 있더군."

"맙소사…… 임신한 여자를 때리다니……."

이지의 눈가에 물기가 맺혔다. 하지만 옥타비아누스의 반응은 싸늘하기만 했다.

"자신이 선택한 운명이야. 동정할 필요 없어."

"그런 식으로 말하지 말아요!"

"……!"

이지가 날카롭게 소리치자 옥타비아누스가 움찔했다.

"옥타비아누스, 당신에겐 그녀를 비난할 자격이 없어요. 그녀는…… 그녀는 실은……."

온몸을 부들부들 떨면서도 이지는 리비아가 옥타비아누스를 위해 희생했다는 말을 차마 하지 못했다.

"리비아가 실은 뭘 어쨌다고?"

"남자들은 다 바보멍청이들이야!"

그렇게 외친 이지는 방문을 쿵 닫고 들어가 버렸다.

다음 날 낮에 약속대로 안토니우스가 옥타비아누스의 저택을 방문했다. 수백 명의 경호 병력을 이끌고 왔지만 클라우디우스의 모습은 보이지 않았다. 옥타비아누스는 레피두스, 아그리파, 이지, 옥타비아와 함께 안토니우스를 맞이했다. 안토니우스는 먼저 어제 클라우디우스가 벌인 추태에 대해 사과했다. 옥타비아누스는 부드러운 미소로 응대했다.

"과거는 과거일 뿐이지요. 그보다는 안토니우스 장군과 미래에 대해 얘기하고 싶군요."

"어떤 미래를 말하는 거지?"

거실에 마련된 연회장에 비스듬히 앉아 포도주를 마시며 안토니우스는 물었다.

"저와 안토니우스님과 레피두스 장군이 예전에 카이사르님과 폼페이우스, 크라수스가 그랬듯이 신 삼두정치를 결성하는 겁니다."

"신 삼두정치라고……?!"

안토니우스의 얼굴에 놀라움이 스치고 지나갔다.

"지금 저와 안토니우스님이 대결한다면 공화파가 어부지리를 취할 겁니다. 키케로님을 비롯한 원로원의 늙은이들이 그리스에서 병력을 모으고 있는 브루투스와 카시우스를 불러들여 우리 둘을 한꺼번에 제거하려고 들 테니까요."

"흐음, 확실히 일리가 있는 말이군."

"그러니까 같은 카이사르파인 우리 셋이 힘을 합쳐 일단 로마의 공화파 의원들과 그리스의 브루투스 병력을 제거한 후에 권력을 나누자는 겁니다."

"권력을 나눈다면, 어떻게?"

옥타비아누스가 아그리파와 나란히 앉아 있는 레피두스 장군을 가리켰다.

"일단 레피두스 장군이 로마에서 중심을 잡습니다. 그리고 로마를 중심으로 모든 정복지를 절반으로 나누어 서쪽은 제가 통치하고, 동쪽은 안토니우스님이 통치하는 겁니다."

"으음…… 동쪽과 서쪽이란 말이지?"

"안토니우스님이 손해 볼 일은 없을 것 같은데요?"

"물론 원로원에는 비밀로 하는 협정이 되어야겠지?"

"당연하죠."

"좋아, 해 보자!"

안토니우스가 호기롭게 소리치자 옥타비아누스는 옥타비아를 시켜 문서를 가져오게 했다. 그리고 신 삼두정치의 협정 내용을 자세히 적고, 그 아래 자신과 안토니우스와 레피두스가 서명하도록 했다. 세 부로 만든 협정서를 안토니우스와 레피두스에게 한 장씩 나눠 주며 옥타비아누스가 선언했다.

"이로써 협정은 체결되었습니다."

"아직은 아니지."

손바닥을 쳐드는 안토니우스를 옥타비아누스가 흠칫 보았다.

"협정 내용에 부족한 점이 있습니까?"

"협정이 깨지지 않고 이어지기 위해선 서명보다는 서로 간의 믿음이 중요해."

"지당한 말씀이십니다."

"지금이야말로 옥타비아누스 자네가 내게 믿음을 보여줄 때라고 생각하는데……"

"원하는 게 있으면 말씀만 하십시오."

잠시 뜸을 들이던 안토니우스가 으스스하게 미소를 지었다.

"원로원의 공화파 늙은이들을 처단할 때, 당연히 우두머리인 키케로도 해치워야겠지?"

"……!"

동시에 옥타비아누스는 충격으로 눈을 부릅떴다. 이지와 아그리파도 흠칫 옥타비아누스를 보았다. 설마 아니겠지? 이지는 옥타비아누스가 많은 도움을 받았고, 스스로 양부라고 부르는 키케로를 희생시키리라곤 믿지 않았다. 하지만 이지의 믿음은 보기 좋게 배반당했다. 옥타비아누스가 착 가라앉은 음성으로 이렇게 말했던 것이다.

"키케로님의 운명은 옥타비아누스가 아니라 안토니우스님의 손아귀에 있습니다."

"무슨 짓을 하는 거예요?"

이지가 박차고 일어서며 항의했다. 옥타비아누스가 눈짓을 하자 옥타비아가 재빨리 이지의 입을 틀어막았다.

"읍…… 으읍…….."

몸부림치는 이지를 돌아보며 안토니우스가 피식 웃었다.

"참 재미있는 친구란 말씀이야. 나의 마지막 요구 조건을 들으면 저 친구가 기절할지도 모르겠군."

"마지막 요구 조건이라면……?"

"자네의 누나 옥타비아를 나의 아내로 주게. 우리 둘의 혈맹을 유지하는 데, 이보다 더 확실한 방법은 없지 않겠나?"

이번만은 옥타비아누스도 입을 쩍 벌리고 말았다. 옥타비아도 너무 놀라 이지의 입을 가렸던 손을 치웠다. 덕분에 이지는 마음껏 소리를 지를 수 있었다.

"절대 안 돼! 여자가 무슨 남자들의 야망을 이루는 데 쓰이는 도구인 줄 알아?"

하지만 오늘 옥타비아누스는 마치 다른 사람이 되어 버린 것 같았다. 멍한 표정의 옥타비아를 돌아보며 이렇게 말했던 것이다.

"누나, 가문을 위해서야."

"……!"

결국 그날 옥타비아누스, 안토니우스, 레피두스 간의 신 삼두정치 협정이 맺어졌다. 엄마와 동생의 강요를 이기지 못한 옥타비아도 안토니우스와의 결혼을 받아들일 수밖에 없었다.

그로부터 불과 며칠 후, 키케로 의원이 자신의 별장에서 가족들과 함께 로마를 탈출하려다가 안토니우스가 보낸 자객에게 살해당했다. 이 소식을 전해들은 이지는 격분하여 옥타비아누스에게 쳐들어갔다. 옥타비아누스는 자신의 침대 위에서 아침 식사중이었다.

"내가 옥타비아누스라는 남자를 잘못 봤어요!"

"왜 또 아침부터 시비지?"

"방금 키케로 의원이 암살당했다는 소식을 들었어요."

포크 쥔 손을 멈칫했던 옥타비아누스가 오믈렛을 다시 입으로 가져갔다.

"나도 방금 들었어."

"그 소식을 듣고도 어떻게 태연할 수 있죠? 당신이 늘 무표정한 건 과묵하기 때문이라고 생각했어요. 그런데 이제 보니 뱀처럼 차가운 피가 흐르는 사람이었군요. 어떻게 양부라고 부르던 사람의 죽음을 외면하고, 하나뿐인 누나를 스무 살이나 많은 남자에게 시집보낼 수가……."

"그렇게 하지 않으면 사랑하는 여자를 잃기 때문이야!"

우장창!

옥타비아누스가 쟁반을 들어 엎자 이지는 깜짝 놀랐다. 자리를 박차고 일어선 그가 이지 앞으로 다가와 그동안 참고 참았던 분노를 터뜨렸다.

"나도 리비아와 결혼해 평화롭게 살고 싶었어. 아이들을 열 명쯤 낳고, 그 아이들이 커 가는 걸 지켜보고 싶었어. 하지만 내가 카이사르

아우구스투스와 리비아

의 양자인 이상 그건 불가능한 꿈이었지. 바보처럼 그것도 모르고 사랑에 빠져 마음이 약해졌던 거야. 그 결과를 봐. 결국 목숨처럼 사랑했던 여자마저 원수의 품에 안기고 말았잖아."

흥분을 이기지 못하고 헐떡이는 옥타비아누스의 얼굴을 이지가 멍하니 바라보았다. 이지가 한참만에야 입술을 달싹였다.

"그럼 그것 때문에…… 리비아를 잃은 아픔 때문에 잔인해지기로 한 거예요……?"

"쓸데없는 소리 말고 나가. 더 이상 얘기하고 싶지 않아."

"리비아는 당신을 배신하지 않았어요!"

이지가 버럭 소리치자 옥타비아누스가 멈칫했다.

"그게 무슨 소리야?"

"……."

옥타비아누스가 눈물을 글썽이는 이지의 어깨를 잡아 마구 흔들었다.

"네가 알고 있는 걸 말해 보란 말이야!"

"클라우디우스에게 가기 전에 리비아가 우릴 찾아왔었잖아요? 그때 리비아가 말했어요. 당신을 지키기 위해서 클라우디우스에게 시집간다고요."

옥타비아누스의 얼굴이 충격과 분노로 일그러졌다.

"왜, 왜 진작 말하지 않았어?"

"리비아는 당신이 섣불리 자신을 되찾으려고 하다가 클라우디우스에게 당할까 봐 무서워했어요. 그래서 당신에게 반드시 비밀로 해 달

라고 부탁했어요. 당신이 자신에 대한 복수심으로라도 최고가 되는 걸 보고 싶다면서…….”

"으아아!"

옥타비아누스가 괴성을 지르며 주먹을 쳐드는 것을 보고 이지는 눈을 질끈 감았다. 하지만 그의 주먹은 이지의 얼굴이 아니라 뒤쪽 벽에 처박혔다. 옥타비아누스가 미친 듯이 벽에 주먹을 처박았다. 곧 피가 터져 하얀 벽에 붉은 주먹 자국이 무수히 찍혔다. 이지가 뒤쪽에서 그의 허리를 와락 끌어안았다.

"내가 잘못했어요! 제발 그만해요!"

이지에게 안긴 옥타비아누스가 이빨을 딱딱 부딪치며 중얼거렸다.

"반드시…… 반드시 로마 최고의 권력자가 되겠어……. 그리고 리비아를 되찾고야 말 테야."

신 삼두정치의 합의에 따라 로마의 모든 공화파가 숙청당했다. 그리고 옥타비아누스와 안토니우스는 레피두스에게 로마의 치안을 맡기고, 그리스로 각자의 군단을 이끌고 출발했다. 그 유명한 필리피 전투에서 옥타비아누스와 안토니우스는 브루투스와 카시우스의 군대를 격파했고 카시우스는 전사, 브루투스는 자살했다. 이로써 로마와 속주들은 완전히 신 삼두정치의 지배 아래 들어가게 되었다.

신 삼두정치의 협정에 의해 레피두스는 로마를 관리했다. 옥타비아누스는 로마의 서쪽을, 안토니우스는 로마의 동쪽을 지배했다. 안토니우스가 순순히 로마의 동쪽을 선택한 것은 동방과 이집트에 엄청난 재물이 쌓여 있기 때문이었다. 하지만 안토니우스가 간과한 것이 있었으니, 바로 동쪽 속주들은 로마로부터 너무 멀리 떨어져 있을 뿐 아니라 이집트의 경우에는 지중해에 가로막혀 로마의 정치에 전혀 영향력을 행사할 수 없다는 사실이었다.

이에 반해 갈리아 지방은 로마와 국경을 맞대고 있어 옥타비아누스는 로마의 정치에 개입할 수 있었다. 뒤늦게 이런 약점을 간파한 클라우디우스는 안토니우스에게 협정을 다시 맺어야 한다고 주장했지만 이미 이집트의 여왕 클레오파트라에게 푹 빠져 있던 안토니우스는 듣지 않았다. 대신 클라우디우스를 로마로 파견해 옥타비아누스를 감시하도록 조치했다.

하지만 아무리 열심히 감시해도 카이사르의 후계자인 옥타비아누스가 서서히 로마 시민들의 환심을 사고 세력을 넓혀 가는 것을 막을 수는 없었다. 위기의식을 느낀 클라우디우스가 계속해서 이집트로 급보를 날렸지만 안토니우스로부터는 옥타비아누스가 군단을 이끌고 로마로 진격하지 않는 이상 호들갑 떨 필요는 없다는 태평한 답장만 돌아왔다.

"안토니우스, 이 멍청한 녀석!"

가을이 깊어갈 무렵, 자신의 저택에서 대낮부터 술을 퍼마시던 클라우디우스는 갑자기 술상을 엎어 버렸다. 그리고 시중을 들던 노예들을 마구 때리기 시작했다.

"이 자식들, 너희들도 날 무시하지! 속으로는 날 무시하고 있지, 엉?"

"그만두세요!"

날카로운 외침에 클라우디우스가 멈칫했다. 술 때문에 흐릿해진 눈으로 돌아보는 클라우디우스 앞에 이제 막 세 살이 된 아들 티베리우스의 손을 잡고 서 있는 리비아의 모습이 보였다. 그동안 삼 년이란 세월이 흐른 것이다. 리비아의 아랫배는 다시 불룩해져 있었다. 그녀는 두 번째 아이를 임신한 상태였다. 그러나 부인과 아들을 바라보는 클라우디우스의 시선은 결코 호의적이지 않았다. 클라우디우스가 리비아의 턱을 잡으며 이죽거렸다.

"호오~ 이게 누구신가? 옛 연인 옥타비아누스를 살려 주신 리비아 님이 아니신가?"

"제발 이러지 말아요. 아이가 보고 있잖아요."

"닥쳐!"

"꺄악!"

클라우디우스가 뺨을 후려치자 리비아가 비명을 지르며 쓰러졌다. 클라우디우스는 그녀가 옥타비아누스를 탈출시킨 후부터 상습적으로 폭행을 가해 왔던 것이다. 이 날도 어김없이 무지막지한 폭력이 이어졌다.

"으앙~ 엄마를 때리지 말아요!"

아이가 엄마를 보호하기 위해 달려들었지만 클라우디우스의 매질은 그치지 않았다. 남편이 아이까지 때리는 것을 목격한 리비아는 눈이 뒤집히고 말았다. 그녀는 바닥에 떨어져 있던 깨진 술잔을 잡았다. 그리고 그것으로 클라우디우스의 발등을 힘껏 내리찍었다.

"크아악! 내 발! 내 발!"

피가 흐르는 발을 움켜잡고 껑충껑충 뛰는 클라우디우스를 뒤로한 채 리비아가 티베리우스의 손을 잡고 도망쳤다. 저택을 빠져나오는 그녀의 등 뒤에서 클라우디우스의 성난 외침이 들려왔다.

"리비아, 내 손에 잡히면 죽을 줄 알아!"

"아니, 리비아 아니니?"

티베리우스의 손을 잡고 퉁퉁 부은 얼굴로 시장을 헤매던 리비아는 우연히 이지와 마주쳤다. 엄마는 물론 아이까지 얼굴에 시퍼렇게 멍이 든 것을 발견한 이지는 모든 상황을 짐작했다. 오랜 설득 끝에 리비아로부터 고백을 들은 이지는 한사코 싫다며 버티는 리비아를 억지로 옥타비아누스에게 데려갔다. 옥타비아누스는 마침 원로원의 새로운 실력자들과 회동이 있어서 저택에 돌아와 있었다.

"리비아, 그 꼴은 대체……?"

거실에서 점잖게 손님들과 대화를 나누다가 이지의 손에 이끌려 들이닥친 리비아와 티베리우스를 발견하고 옥타비아누스는 황당한 표정을 지었다. 이지가 그를 향해 가시 돋친 목소리로 말했다.

"리비아는 당신을 돕다가 이렇게 됐어요. 그러니까 이제부턴 당신

이 그녀를 돕도록 해요."

"……."

옥타비아누스는 한동안 굳게 입을 다물고 있었다. 리비아가 이지의 손을 억지로 뿌리치고 돌아섰다.

"더 이상 폐를 끼치고 싶지는 않아요. 이만 돌아가겠어요."

이지가 원망 가득한 눈으로 옥타비아누스를 쳐다보았다. 순간 옥타비아누스가 자리를 박차고 일어섰다.

"갈 때 가더라도 나와 함께 가자!"

"잡히기만 하면 그냥 두지 않을 테다."

클라우디우스는 십여 명의 호위 병사들을 거느리고 도시를 이 잡듯 뒤지고 있었다. 해질 무렵, 그는 콜로세움 근처에서 아들 티베리우스의 손을 잡고 걸어오는 리비아를 발견했다. 클라우디우스가 눈에 불을 켜고 아내와 아들을 향해 달려들었다.

"너희들 거기 꼼짝 말고 있어!"

그가 아내의 멱살을 틀어잡으려는 순간, 옥타비아누스와 이지 그리고 백여 명의 병사들이 불쑥 나타났다.

"오, 옥타비아누스?!"

옥타비아누스가 싸늘한 눈초리로 클라우디우스를 쏘아보았다.

"클라우디우스, 로마 군단의 유명한 장군이 어쩌다 아내와 아들을 폭행하는 한심한 인간이 되셨나?"

기가 질려 있던 클라우디우스가 버럭 고함쳤다.

"닥쳐라! 남의 가정사에 웬 참견이냐?"

"죽고 싶으냐, 클라우디우스?"

"……!"

옥타비아누스의 눈빛이 섬뜩하게 변하자 클라우디우스가 움찔했다. 하지만 마지막 자존심은 남았는지 가까스로 용기를 내었다.

"나를 해치면 신 삼두정치는 끝장나고, 안토니우스 장군께서 동방 군단을 이끌고 로마로 진격하실 것이다. 또한 로마를 관장하는 레피두스님이 그대의 폭거를 용납하실 것 같은가?"

"레피두스를 믿고 큰소리를 치고 있다는 말이지?"

옥타비아누스가 냉소적인 미소를 지으며 손뼉을 마주쳤다. 그러자 일단의 병사들이 레피두스를 데리고 나타났다. 그는 불과 얼마 전까지만 해도 신 삼두정치의 주역으로 권력을 누리던 장군의 모습이 아니었다. 투구와 갑옷을 벗고, 튜닉 한 장만을 걸친 레피두스는 의기소침해 있었다.

클라우디우스가 불안한 듯이 물었다.

"레피두스 장군, 어떻게 된 겁니까?"

"클라우디우스, 나는 옥타비아누스님의 자비를 얻어 정계에서 은퇴해 은둔하려고 하오."

클라우디우스가 절망적인 눈빛으로 옥타비아누스를 보았다.

"옥타비아누스…… 어느새 레피두스님까지 허수아비를 만들고 로마를 완전히 수중에 넣었구나……?"

"이제 결정을 내려라, 클라우디우스. 이 지리에서 죽을 테냐, 아니면 아내와 아들을 나에게 넘기고 이집트로 떠날 테냐?"

이글거리는 눈으로 옥타비아누스의 얼굴을 노려보던 클라우디우스가 천천히 돌아섰다. 물론 리비아에 대한 저주를 빼 놓지는 않았다.

"내가 안토니우스님과 함께 로마로 돌아오는 날, 리비아 너도 살아남지 못할 것이다."

티베리우스의 손을 움켜쥐며 눈물을 흘리는 리비아의 어깨를 이지가 살며시 안아 주었다.

8
진짜 사랑한다면 가족까지 사랑하라

"나는 로마에서 안토니우스를 기다리지 않겠소. 내가 직접 이집트로 가서 로마의 배신자를 처단할 것이오."

옥타비아누스는 의회에서 연설을 하고, 이집트 원정에 박차를 가했다. 클레오파트라에게 푹 빠져 원로원의 소환 요구조차 거부 중인 안토니우스를 편들 사람은 로마에 더 이상 존재하지 않았다.

결국 그해 가을, 옥타비아누스는 수만의 해군을 이끌고 이집트 원정을 떠나게 되었다. 이집트에서도 안토니우스와 클라우디우스가 이집트 해군과 연합해서 로마군을 맞을 준비를 하고 있다는 풍문이 들려왔다. 바야흐로 로마가 낳은 두 영웅 옥타비아누스와 안토니우스가 최후의 대결을 벌이려 하고 있었.

이집트로 출정하기 전날 밤, 옥타비아누스는 저택에서 가족들과 조촐한 송별연을 열었다. 저녁 식사가 끝나자마자 옥타비아누스는 조용히 자리에서 일어나 서재로 들어갔다. 식탁에 남아 있던 이지가 시무룩한 리비아의 눈치를 살피며 투덜거렸다.

"으이그~ 저 무뚝뚝한 성격은 변하지를 않아요."

"……."

"리비아, 서재로 가 봐."

"응?"

"옥타비아누스와 작별 인사를 나누고 싶잖아? 그러니까 어서 가 보란 말이야."

"하지만 오빠가 좋아할까?"

"내 생각에는 옥타비아누스도 아직 리비아를 좋아하고 있어. 다만, 표현이 서툴 뿐이지."

잠시 고민하던 리비아가 자리에서 일어섰다. 그리고 서재로 향했다.

옥타비아누스는 서재의 책상 앞에 앉아 이집트로 향하는 해도를 살펴보고 있었다. 이때 조용히 문이 열리며 리비아가 들어왔다. 그녀가 들어온 것을 알아차렸지만 옥타비아누스는 해도에서 눈을 떼지 않았다. 리비아가 책상 앞으로 다가와 떨리는 소리로 말했다.

"내일 떠나는 거죠?"

"……."

"저기 실은 준비한 게 있는데……."

리비아가 품속에서 무언가를 꺼내 책상 위로 조심스럽게 내밀었다. 그것은 반짝이는 조개를 엮어서 만든 팔찌였다. 리비아가 쑥스럽게 미소를 지었다.

"조개로 만든 팔찌를 하고 있으면 바다의 신 포세이돈님의 보호를 받을 수 있대요. 부디 무사히 개선하길 신께 기도드릴게요."

그제야 옥타비아누스가 스윽 고개를 들었다. 순간 그의 눈에 리비아의 불룩한 배가 들어왔다. 옥타비아누스는 눈살을 찌푸린 채 그녀의 배를 뚫어져라 보았다. 가슴 밑바닥에서 무언가 뜨거운 것이 치미는 기분이었다. 팔찌를 움켜잡은 옥타비아누스가 그것을 리비아의 어깨 너머로 던져 버렸다.

벽에 부딪힌 팔찌가 끊어져 조개껍질이 우수수 떨어졌다. 바닥에 흩어진 조개껍질을 리비아는 멍하니 돌아보았다. 리비아가 겁에 질린 눈으로 무섭게 일그러진 옥타비아누스의 얼굴을 다시 보았다.

"이지의 말대로 나는 아직도 너를 좋아하고 있어. 하지만 너의 아들과 그 배를 보고 있으면 화가 치밀어 참을 수가 없어. 머리로는 그러면 안 된다고 생각하는데, 가슴으로는 그게 안 된단 말이야."

리비아의 눈에 눈물이 고였다. 그녀가 억지로 웃으며 말했다.

"내일 원정을 떠날 텐데, 괜히 마음만 어지럽혀서 미안해요. 어쨌든 무사히 돌아오길 기원할게요."

말을 마치자마자 리비아는 도망치듯 방을 빠져나갔다. 의자에 털썩 주저앉으며 옥타비아누스가 신음처럼 중얼거렸다.

"옥타비아누스…… 너란 녀석은 참 못난 남자구나."

"아시니 다행이네요."

이지가 어느새 방문을 열고 들어와 있었다. 그녀가 바닥에 흩어진 조개껍질을 주워 모았다. 그리고 팔찌를 다시 이어 그것을 옥타비아누스의 팔목에 채워주었다.

"이지."

"왜요?"

"나와 함께 이집트로 가 주겠어?"

"……?"

"대화를 나눌 상대가 필요해. 나란 남자에 대해서…… 그리고 리비아라는 여자에 대해서……."

이지는 천천히 고개를 끄덕였다.

둥- 둥- 둥- 둥-

부드러운 가을 햇살을 받아 코발트빛으로 출렁이는 악티움 앞바다에서 북소리가 울려 퍼졌다. 북소리에 맞춰 폭이 좁고 기다란 로마 군선들과 폭이 넓고 크기가 상대적으로 작은 이집트 군선들이 한데 뒤엉켜 치열한 전투를 벌이고 있었다. 로마 군선들만으로 이루어진 선단은 옥타비아누스가 이끄는 로마군이었고, 로마 군선들과 이집트 군선들로 이루어진 선단은 안토니우스가 이끄는 연합군이었다. 이집트로 향하는 옥타비아누스의 선단과 로마로 향하는 안토니우스의 선단이 이 바다에서 정면으로 마주친 것이다. 오전부터 시작된 전투는 정오가 지날 때까지 계속되고 있었다.

이지도 로마군의 지휘선에 옥타비아누스와 나란히 타고 있었다. 그녀는 전투를 구경할 틈도 없이 뱃멀미를 하느라 정신이 없었다.

"웩! 우웩!"

네 발로 엎드려 헛구역질을 하는 이지 옆에서 옥타비아누스가 검을 휘두르며 명령을 내렸다.

"화살을 퍼부어라! 적선에 갈고리를 걸어라!"

이때 옥타비아누스의 시야에 안토니우스와 클라우디우스가 타고 있는 적의 지휘선이 들어왔다. 옥타비아누스가 검 끝으로 안토니우스를 겨누며 외쳤다.

"저기 안토니우스가 있다! 적 지휘선의 옆구리를 들이받아라!"

북소리를 요란하게 울리며 옥타비아누스의 지휘선이 안토니우스와 클라우디우스가 타고 있는 배의 옆구리를 향해 전속력으로 돌진했다. 뒤늦게 옥타비아누스의 돌격을 눈치 챈 안토니우스가 다급히 명령했다.

"우현으로 방향을 틀어라! 적선을 피해야 한다!"

하지만 이미 늦어서 우지끈 하는 굉음과 함께 옥타비아누스의 지휘선이 안토니우스의 지휘선을 반 동강내고 말았다.

"크아악!"

안토니우스와 클라우디우스가 비명을 지르며 바다에 처박혔다. 이

것을 계기로 안토니우스의 해군은 급격히 힘을 잃어 승기는 옥타비아누스 쪽으로 완전히 넘어갔다. 하지만 배가 충돌할 때의 충격으로 옥타비아누스까지 바다로 떨어지고 말았다.

"옥타비아누스! 옥타비아누스!"

이지가 그의 이름을 애타게 부르며 찾아다녔지만 선박들의 파편과 시체들이 무수히 깔린 바다에서 그를 찾기란 쉬운 일이 아니었다. 잠시 후, 아그리파가 절망적인 얼굴로 다가왔다.

"아무래도 장군께서 돌아가신 것 같다."

"옥타비아누스는 그렇게 쉽게 죽을 사람이 아니에요."

"하지만 장군께서 바다에 빠지신 지 벌써 한 시간이나 지났어."

"포기하지 말고 계속 찾아요. 그를 간절히 기다리는 사람이 있다고요."

옥타비아누스가 죽으면 리비아가 얼마나 슬퍼할지 잘 알기에 이지는 수색을 포기할 수 없었다. 갑판 난간 밖으로 상체를 내민 채 수면을 샅샅이 뒤지던 이지가 눈살을 찌푸렸다.

"으윽!"

무언가 햇빛을 반사하며 반짝 빛났던 것이다. 그것이 나무토막을 붙잡고 기절한 옥타비아누스의 손목에 걸린 조개 팔찌라는 것을 이지는 금방 알아차렸다. 이지가 아그리파와 병사들을 향해 정신없이 소리를 질렀다.

"여기에요! 여기 옥타비아누스가 있어요!"

"결국 리비아가 만들어 준 이 팔찌가 나를 살렸군."

모포를 뒤집어쓴 채 갑판의 의자에 앉아 옥타비아누스는 자신의 손목에 채워진 팔찌를 물끄러미 들여다보았다. 그의 앞에는 이지와 아그리파가 나란히 서 있었다. 옥타비아누스가 고개를 들어 이지를 보았다.

"이지, 나는 리비아에게 돌아가겠어. 그리고 그녀를 나의 아내로 맞이하겠어."

이지의 입가에 푸근한 미소가 피어올랐다.

"이제야 내가 알고 있는 옥타비아누스 같군요."

옥타비아누스가 자리를 박차고 일어서며 힘차게 명령했다.

"아그리파, 선단을 이끌고 이집트로 가자. 로마의 적인 클레오파트라를 제거해서 후환을 없애야 한다."

"옙, 장군!"

이집트에 상륙한 옥타비아누스는 곧 이집트군을 격파하고 왕궁을 점령했다. 악티움 해전에서 전사한 줄 알았던 안토니우스는 천신만고 끝에 이집트로 돌아와 그토록 사랑한 클레오파트라의 품에서 죽었다. 연인을 잃은 클레오파트라 여왕 역시 독사를 이용해 자살했고, 이로써 이집트를 완전히 정벌한 옥타비아누스는 로마로 화려하게 개선하게 되었다.

로마로 돌아온 옥타비아누스에겐 최고의 영광이 기다리고 있었다.

원로원은 그에게 존엄자, 즉 아우구스투스라는 칭호를 내렸다. 로마 시민들의 열렬한 환호에 답례하는 옥타비아누스를 곁에서 지켜보며 이지는 그가 곧 로마 최초의 황제가 될 것임을 예감했다.

이때 옥타비아누스가 이지의 귀에 대고 속삭였다.

"이지, 지금 당장 저택으로 가 줘. 그리고 리비아에게 내가 곧 갈 테니, 꼼짝 말고 기다리라고 전해다오."

"옛썰!"

"리비아! 어디 있니, 리비아?"

저택으로 달려온 이지가 리비아를 찾았지만 그녀와 티베리우스의 모습은 보이지 않았다. 노예 한 명이 달려와 보고했다.

"리비아님은 오늘 아침에 갈리아의 속주로 떠나셨습니다."

"갈리아의 속주로? 옥타비아누스가 개선하고 있는데 대체 왜?"

"옥타비아누스님이 자신을 보고 싶어 하지 않을 거라면서 돌아오시기 전에 떠나겠다고 하셨습니다."

"이…… 이런……!"

당황스런 표정으로 돌아서는 이지 앞에 어느새 옥타비아누스가 서 있었다. 옥타비아누스는 최고의 영광을 누리고 있는 개선장군이라곤 믿어지지 않을 정도로 핼쑥한 얼굴로 말했다.

"이제 나는 어떻게 하면 좋지?"

"어떡하긴 뭘 어떡해요? 무조건 리비아를 잡아야죠!"

"끼럇~ 끼럇~"

옥타비아누스와 이지는 나란히 말을 몰고 갈리아로 향하는 대로를 질주했다. 서쪽 지평선으로 해가 뉘엿뉘엿 넘어갈 무렵이 되어서야 두 사람은 리비아를 태운 마차를 세울 수 있었다. 졸린 눈을 비비는 티베리우스의 손을 잡고 마차에서 내린 리비아의 눈이 휘둥그레졌다.

"옥타비아누스와 이지…… 대체 어떻게 여기까지……?"

옥타비아누스가 가늘게 떨리는 목소리로 말했다.

"리비아, 나는 아무래도 너 없이는 안 될 거 같아. 그동안의 잘못을 용서하고, 나의 아내가 되어 주었으면 좋겠어."

"……!"

리비아가 충격으로 눈을 부릅뜬 채 옥타비아누스의 얼굴을 응시했다. 이지는 그녀의 얼굴에 기쁨과 혼란이 교차하는 것을 똑똑히 보았다. 리비아가 스윽 고개를 돌려 연신 하품을 하는 티베리우스를 보았다. 그녀가 아들을 끌어안으며 쓸쓸히 말했다.

"나도 오빠를 원해요. 하지만 내가 오빠의 아내가 되어도 티베리우스와 뱃속의 아이는 옥타비아누스의 아이가 되지 못할 거예요. 아이들을 그런 불행 속에 몰아넣느니 차라리 멀리 떠나 새로운 인생을 찾겠어요."

옥타비아누스가 티베리우스의 겨드랑이 사이에 양손을 넣어 번쩍 들어올렸다.

"애야, 네 이름이 무엇이냐?"

"티베리우스입니다."

아이가 졸린 눈을 비비며 대답했다.

"이제부터 네 이름은 티베리우스 아우구스투스다. 그리고 너의 아버지의 이름은 옥타비아누스라고 한다. 알겠느냐?"

"……?"

아이가 의아한 눈빛으로 엄마를 돌아보았다. 하지만 리비아는 어떤 대답도 해 줄 수가 없었다. 그녀의 눈에선 감격의 눈물이 비처럼 흐르고 있었기 때문이다. 옥타비아누스가 한 손으로 티베리우스를 안은 채 나머지 한 손으로 리비아를 끌어안았다.

"리비아, 신성한 주피터 신 앞에서 맹세할게. 나는 너를 아내로 맞이하고, 티베리우스는 물론 뱃속의 아이도 내 자식으로 받아들일 거야. 그리고 티베리우스는 나의 후계자로서 로마를 통치하게 될 거야."

리비아는 아무 말도 못 하고 눈물만 뚝뚝 흘렸다. 옥타비아누스의 얼굴에는 처음으로 표정다운 표정이 떠올라 있었다. 그것은 사랑의 진정한 의미를 깨달은 사람만이 지을 수 있는 표정이었다. 그 깨달음으로 사랑하는 사람은 물론 그의 가족까지 품을 수 있는 너그러움이 깃든 표정이기도 했다.

'주노 선배와의 사이에 새로운 위기가 찾아온 것은 어쩌면 어머님보다는 나의 문제였는지도 몰라. 나를 못마땅해 하는 분과 친해지려고 노력하기보다는 어떻게든 도망치려고만 했으니까.'

깨달음을 얻은 이지의 몸이 다시 신비로운 빛에 휩싸이기 시작했

다. 이제 한 가족이 된 옥타비아누스와 리비아, 티베리우스가 눈부신 광채에 싸여 서서히 사라지는 이지를 지켜보고 있었다. 옥타비아누스와 리비아의 얼굴에 놀라움이 서렸다. 이지가 어딘가 다른 세계로 떠나려 한다는 사실을 알아차린 것 같았다. 이지는 그들을 향해 손을 흔들며 작별을 고했다.

"안녕, 내게 다시 한 번 사랑의 의미를 깨닫게 해 준 가족들……!"

정신을 차렸을 때, 이지는 저택의 자신의 방 침대에 누워 있었다. 창밖은 늦은 밤이었다. 손을 더듬어 보니 허리 옆에서 '세기의 로맨스' 양장본 표지가 만져졌다. 침대 바로 옆에 주노가 걱정스런 표정으로 앉아 이지를 내려다보고 있었다.

"선배……."

"기억 나? 런웨이에서 갑자기 기절했어."

이지가 힘겹게 일어나 앉으며 울상을 지었다.

"나 때문에 어머니의 패션쇼를 망쳐서 어떡해요?"

"너무 신경 쓰지 마. 그보다 네가 걱정이야. 방금 다녀간 선생님 말로는 극심한 스트레스 때문인 것 같다고 하던데."

"……."

이지는 대답하지 않고 주노의 안색을 살폈다. 주노에게 그의 엄마에 대해 솔직하게 말하느냐 마느냐를 고민하고 있는 것이다. 이지는 결국 솔직해지기로 결심했다. 주노에게 이 여사가 실은 자신을 싫어

한다는 사실을 알리고, 도움을 청해야겠다고 생각했기 때문이다.

"실은 선배의 어머니는 나를 좋아하지 않으시는 것 같아요. 겉으론 좋아하는 척하시지만 마음속으로는 저를 밀어내고 계세요. 선배에게 이런 말을 하는 건 어머니와 진짜 친해지려면 선배의 도움을 받아야 겠기에……."

이지는 말을 마칠 수가 없었다. 주노의 표정이 냉담하게 변하는 것을 발견했기 때문이다. 당황하는 이지의 얼굴을 한동안 차갑게 응시하던 주노가 낮게 깔리는 소리로 말했다.

"솔직히 이지에게 약간 실망했어. 우리 엄마는 적어도 겉과 속이 다른 그런 사람은 아니야."

"어머니를 험담하려는 게 아니에요. 단지 어머니와 진심으로 친해지기 위해서……."

"그 얘기는 더 이상 하고 싶지 않아."

주노가 박차고 일어섰다.

"선배! 선배!"

이지가 애타게 불렀지만 그는 결국 방문을 쾅 닫고 나가 버렸다. 방 안에 홀로 남겨진 이지는 한동안 멍하니 앉아 있었다. 다시 세상 끝에 홀로 버려진 기분이었다.

"사랑이란 게 정말 쉽지가 않구나."

아우구스투스 – 가장 존엄한 자

1. 카이사르의 어린 후계자

　카이사르가 공화파 귀족들에게 암살당한 후에 공개된 유언장은 로마 전체에 큰 충격을 주었다. 카이사르는 그의 재정적, 정치적 후계자로 스무 살도 채 되지 않은 옥타비아누스를 지목했다. 아들 카이사리온이 카이사르의 후계자가 될 것을 믿어 의심치 않았던 클레오파트라 7세와 카이사르를 오랫동안 보필했던 안토니우스는 카이사르의 유언장에 분노를 느꼈다. 옥타비아누스는 카이사르의 친인척이라는 사실 외에는 로마 사회에서 무명에 가까운 인물이었다. 하지만 그는 훗날 제정 로마시대를 여는 초대 황제가 되어 세상에서 가장 존엄한 자를 뜻하는 아우구스투스로 불리게 되었다.

옥타비아누스의 원래 이름은 가이우스 옥타비우스였다. 그의 어머니 아티아가 카이사르의 조카로 귀족 신분이었지만, 아버지가 평민이었기 때문에 그도 역시 평민 신분이었다. 옥타비우스가 귀족 신분이 되는 것은 카이사르의 후계자가 되고 나서부터였다. 옥타비우스가 네 살 때 아버지가 죽자, 어머니 아티아는 재혼하고 옥타비우스는 외할머니이자 카이사르의 누나인 율리아 카이사리스의 손에 자라났다.

합법적인 결혼을 통해 태어난 아이가 없었던 카이사르는 영민한 누나의 외손자 옥타비우스를 눈여겨보았다. 성장하면서 몇 차례나 후계자의 자질을 보여준 옥타비우스를 카이사르는 유언장에 제1후계자로 지정했다. 카이사르가 나이 어린 옥타비우스를 후계자로 정한 것은 자신이 그토록 일찍 암살당할 것은 예상하지 못했기 때문이다. 긴 시간을 두고 옥타비우스를 후계자로 다듬어 갈 계획을 세워두었던 카이사르의 느닷없는 죽음은 어린 옥타비우스에겐 시련이자 새로운 기회였다.

카이사르가 암살당할 당시 옥타비우스는 로마에 있지 않았다. 일리리아의 아폴로니아에서 공부와 군사 훈련을 병행하고 있던 옥타비우스에게 카이사르의 암살 소식과 후계자가 되었다는 소식이 한꺼번에 전해졌다. 그를 보필하던 장교들은 로마에서 이미 권력을 장악한 안토니우스가 옥타비우스를 살해할 것이라고 생각하고 피신을 권유했다. 그러나 옥타비우스는 피신하기는커녕 오히려 로마로 돌아가 자기를 중심으로 카이사르의 병사들을 결집했으며 카이사르의 유언을 왜곡하는 안토니우스에게 당당히 맞섰다. 비록 나이는 어렸지만 과연 카이사르가 선택한 후계자다웠다. 옥타비우스는 일단 카이사르의 이름부터 물려받았다. 그는 '가이우스 율리우스 카이사르'라는 이름 뒤에 자신의 이름 옥타비우스를 옥타비아누스로 고쳐서 붙였다. 그리고 실권을 장악한 백전노장 안토니우스와의 대결을 차근차근 준비하기 시작했다.

옥타비아누스가 로마로 귀국할 당시 카이사르를 해친 암살자들은 시민들의 지지를 얻는 데 실패해 이미 로마를 떠난 후였다. 카이사르의 후계자에 대한 미련을 버리지 못한 안토니우스는 입지를 굳히기 위한 행동에 나섰다. 카이사르의 유산을 자택으로 옮겨 자기의 군대를 위한 자금으로 사용했고, 카이사르의 죽음으로 비어 있던 갈리아원정군 사령관에 레피두스를 앉혔으며, 파트너가 되는 집정관에 같은 파인 드라베라를 임명했다. 역전의 군인인 서른여덟 살의 안토니우스에게 카이사르의 후계자라고 하지만 열여덟 살 소년에 불과한 옥타비아누스 따위는 상대가 되지 않을 것 같았다. 로마의 관습상 죽은 유력한 인물의 후계자는 연극이나 경기 대회를 개최하고 관객을 초대해야만 했다. 옥타비아누스는 그 때문에 안토니우스에게 카이사르의 유산반환을 요청했는데, 이 요구는 받아들여지지 않았다.

2. 2차 삼두정치

젊은 나이에 고난의 길을 걷기 시작한 옥타비아누스 앞에 그를 카이사르의 정통 후계자로 인정하는 유력자들이 잇달아 나타난다. 그들의 자금으로 옥타비아누스가 개최한 카이사르 기념 경기대회는 성공리에 끝났다. 미덥지 않아 보이는 이 젊은이의 무기는 어쩔 줄 몰라 하면서 고심하는 모습 그 자체였던 것이다. 안토니우스는 자신을 약자로 연출하는 전략을 선택한 옥타비아누스가 얼마나 위험한지 아직 깨닫지 못하고 있었다.

기원전 44년 10월 카이사르와 함께 파르티아 원정을 떠날 예정이던 군단이 그리스에서 로마의 항구 브린디시로 귀환했다. 안토니우스는 옥타비아누스를 추대하고 자신에게 대항하려는 카이사르파를 경계하고 자신의 사병을 갖고자 했다. 그래서 안토니우스는 파르티아 원정군을 장악하기 위해 브린디시로 향했지만 병사들은 카이사르가 지명한 후계자 옥타비아누스를 택함으로써 안토니우스의 휘하에 들어가기를 거부했다. 파르티아 원정군을 장악하는 데 실패한 안토니우스는 북이탈리아 속주의 총독 데키우스 브루투스에게 군대를 내놓으라고 통고했지만 카이사르 암살 계획에 참가했던 데키우스가 자기의 신변을 지켜줄 군대를 내놓을 리 없었다. 안토니우스는 카이사르의 유산을 이용해 급히 군대를 조직하여 데키우스의 총독직을 빼앗기 위한 공격을 개시했다. 로마의 원로원은 무도한 안토니우스의 전투를 제지하기 위해 전투지 모데나에 정규군을 파견했다. 착실히 군단을 편성하고 있던 옥타비아누스도 이 파견군에 참가했다. 옥타비아누스의 군단과 로마 정규군으로 이루어진 연합군은 안토니우스를 퇴각시키는 데 성공했다. 이를 계기로 옥타비아누스도 자신만의 어엿한 군단을 거느리게 되었다.

카이사르에 의해 후계자로서 지명되었다는 사실은 엄청난 효력이 있었다. 병사들은 잇달아 그의 군단에 참가했고, 자격 연령에서 스물한 살이나 부족했던 옥타비아누스는 집정관에 입후보하여 당선되었다. 열아홉 살의 집정관이 탄생한 것이다. 시민집회의 지지도 있었지만 무엇보다도 원로원이 옥타비아누스가 거느린 군단을 두려워했기 때문이었다. 소년 집정관이 등장했다는 사실 자체가 로마 공화정의 약화를 의미하는 것이기도 했다. 안토니우스가 로마를 떠나 있는 동안에 옥타비아누스는 꾸준히 힘을 키웠다. 그는 집정관이 되었고, 10개 이상의 군단을 움직이는 권한을 손에 쥐었다. 불과 일 년 만에 이만큼의 진용을 갖출 수 있었는데, 그 모든 게 카이사르의 유언장 덕분이었다. 옥타비아누스는 자신을 '고뇌하는 젊은이'로 인식시켜 그러한 권력을 차지하면서도 안토니우스와 대결하려고 하지는 않았다. 오히려 북이탈리아로 출병한 옥타비아누스는 안토니우스와 연합해 카이사르를 암살한 브루투스와 카시우스의 군대를 격파했다.

옥타비아누스는 안토니우스와의 연합을 강화하기 위해 자신의 누이를 안토니우스에게 시집보내기까지 했다. 그런 다음 안토니우스, 레피두스와 함께 2차 삼두정치를 시작했다. 이것은 카이사르, 폼페이우스, 크라수스의 1차 삼두정치와는 달리 공식적인 성격의 협약이었다.

하지만 2차 삼두정치를 맺은 옥타비아누스와 안토니우스는 동상이몽을 품고 있었다. 각자가 주인공이 되는 독재권을 꿈꾸었지만 일단 눈앞의 정적 제거가 시급했기에 전략적인 제휴였던 것이다. 2차 삼두정치를 시작하면서 옥타비아누스와 안토니우스는 공화정을 지지하는 귀족 세력을 대대적으로 숙청했다. 옥타비아누스는 안토니우스와의 대결 초기에 자신을 지지해준 원로원의 수장 키케로의 제거를 묵인했다. 이때의 숙청으로 옥타비아누스든 안토니우스든 권력을 장악하는 자가 누구든 더 이상 원로원 귀족들의 눈치를 보지 않고 전제 황제권을 확립할 수 있는 기회가 생겼다. 옥타비아누스는 안토니우스와 손잡고 반 카이사르 세력도 모조리 제거했다. 어느 정도 상황이 정리되자 옥타비아누스도 안토니우스도 자신들의 욕망을 숨기지 않았다. 먼저 레피두스를 실각시킨 두 사람은 2차 삼두정치를 끝내고, 본격적으로 상대를 향해 적의를 드러내기 시작했다.

3. 안토니우스와의 대결

2차 삼두정치에서 옥타비아누스가 얻은 또 하나의 성과는 카이사르를 신격화시킨 것이다. 카이사르를 신격화시킴으로써 카이사르의 양자인 자신도 신격화시킬 수 있었다. 신격화의 상징성은 옥타비아누스의 세력 확장에 큰 도움이 되었다. 2차 삼두정치에서 각자 맡은 지역도 옥타비아누스에게 유리했다. 옥타비아누스는 로마와 서방을 맡았고, 안토니우스는 경제적으로 풍부했던 이집트와 동방을 맡았다. 이 지역 분할은 언뜻 보기에는 우수한 경제력을 택한 안토니우스에게 유리해 보였으나, 근간이 되는 로마 지역을 놓치지 않은 옥타비아누스가 진정한 로마의 지도자라는 이미지를 얻어 절대적으로 유리했다.

이즈음 안토니우스는 어리석게도 이집트 여왕 클레오파트라 7세와 사랑에 빠져버렸다. 사랑에 눈이 먼 그는 자신이 로마의 장군이라는 사실조차 망각한 듯이 보였다. 옥타비아누스는 이를 적극적으로 활용했다. 클레오파트라 7세를 건실한 로마의 영웅을 망치는 요부로 소문내고, 안토니우스는 이미 로마를 버렸다고 선전해 인기를 떨어뜨렸다. 실제로 안토니우스의 행동이 옥타비아누스의 이런 주장을 뒷받침하기도 했다. 안토니우스는 클레오파트라 7세와 결혼하기 위해 옥타비아누스의 누나 옥타비아와의 사이에서 태어난 자녀까지 버렸고, 아르메니아 지역을 정복하자 이를 로마에 귀속시키지 않고 클레오파트라와의 사이에서 낳은 아들 알렉산드로스 헬리오스를 왕좌에 앉혔다. 그리고 클레오파트라 7세에겐 왕들의 여왕이라는 호칭까지 선사했다. 옥타비아누스는 이 사건을 트집 잡아 안토니우스가 로마를 배신하고 이집트에 붙어 결국에는 로마를 위태롭게 할 것이라고 주장했다. 자신의 주장을 뒷받침하기 위해 옥타비아누스는 로마의 신전에 남아 있는 안토니우스의 유언장을 공개했다. 안토니우스의 유언장에는 로마가 정복한 영토는 자신의 아들들을 왕으로 삼아 다스리게 하고, 안토니우스와 클레오파트라 7세가 묻힐 영묘를 알렉산드리아에 호화롭게 건설하라고 쓰여 있었다. 이 유언장의 내용은 로마인들에겐 충격 그 자체였다. 결국 로마는 안토니우스에게 완전히 등을 돌려 버렸다.

기원전 32년 말, 원로원은 안토니우스의 집정관 권한을 공식적으로 박탈하고 클레오파트라 7세가 다스리는 이집트에 선전포고를 했다. 옥타비아누스와 안토니우스의 피할 수 없는 일전이 시작된 것이다. 이는 로마의 운명과 역사를 결정지을 전쟁이었다.

옥타비아누스는 원래 장군으로서의 역량은 부족한 젊은이었다. 그는 뛰어난 전사가 아니었다. 태생이 군인이었던 안토니우스는 옥타비아누스의 이런 약점을 항상 비웃었으며 얕잡아 보았다. 그러나 안토니우스가 간과한 것이 있었으니 그것은 옥타비아누스가 뛰어난 군인은 못되었지만 탁월한 지략가이며 카리스마를 가진 리더였다는 점이다. 일찍이 옥타비아누스의 부족한 부분을 파악하고 있던 카이사르는 옥타비아누스 곁에 부관 아그리파를 붙여 주었다. 옥타비아누스는 아그리파를 뛰어난 장군으로 키웠으며 그에게 군사 지휘권을 맡겨 안토니우스에 버금가는 군사력을 키우도록 했다.

BC 31년 악티움 해전에서 신예 옥타비아누스와 아그리파는 전장에서 잔뼈가 굵은 안토니우스의 군대와 클레오파트라의 이집트 군대에 맞서 승리했다. 옥타비아누스가 역사의 주인공으로 등극하는 순간이었다.

4. 아우구스투스, 가장 존엄한 자

안토니우스와의 내전이 종결되자 옥타비아누스는 질서가 회복되었다며 비상시에 자신에게 집중되었던 군사정치 결정권을 모두 원로원과 시민에게 돌려주겠다고 선언했고 이 말에 청중들은 환호했다. 공화정으로 복귀하겠다는 이 놀라운 선언에 감격한 원로원은 그에게 '존엄자'라는 뜻의 아우구스투스라는 칭호를 수여했고 이후 그는 아우구스투스로 불리게 되었다. 자신을 절대 위험한 사람으로 보이게 하지 않는 아우구스투스의 독특한 재능은 카이사르조차 죽음으로 내몰았던 로마인들의 '황제 탄생에 대한 반감'까지 희석시켜 버렸다.

하지만 황제가 되지 못한 독재자의 한계를 아우구스투스도 카이사르처럼 분명히 느끼고 있었다. 대신 그는 독재적인 통치에 필요한 몇 가지 결정적 권한을 두드러지지 않게 유지하기로 했다. 우선 집정관으로서의 직무, 그 다음으로 군대의 최고사령관으로서의 칭호 '임페라토르'를 항상 사용하는 권리, 마지막으로 시민의 제1인자라는 뜻의 '프린켑스' 칭호였다. 특히 이 '프린켑스' 칭호는 아우구스투스의 목적 달성에 절대적으로 필요했다.

기원전 27년 1월 원로원의 결의로 원수제가 출발한다. 이는 실질적인 제정을 뜻했지만 최고 권력자 아우구스투스가 공화정의 힘으로 그 지위를 유지하고 있는 것처럼 행동했으므로 로마인들은 불안해하지 않았다. 아우구스투스는 황제로서의 권한을 필요로 하면서도 국민들로부터 황제로 여겨지지 않도록 노력했다. 어디까지나 시민의 제1인자 '프린켑스'로서 군대의 통수권을 장악하고 법률 제정을 담당했다.

아우구스투스는 로마 군단의 수를 28개로 정했고, 이들이 로마 내외의 수비를 담당했다. 그리고 로마의 숙적 파르티아에 압력을 가해 제시한 조건을 전부 받아들이게 만들었다. 하지만 뛰어난 군인은 아니었던 아우구스투스의 중앙 유럽 정복은 발칸 반도에서 일어난 반란에 의해 좌절되었다. 또한 기원전 9년에 정복이 진행되던 게르마니아에서도 게르만인들의 게릴라전에 의해 3개 군단을 한꺼번에 잃고, 로마의 경계선인 라인강까지 후퇴했다. 이후부터 아우구스투스는 군사적으론 수비에 치중하게 되었다.

아우구스투스는 수도를 아름답게 꾸미고 싶어해 대규모 건설사업을 추진했다. 기와가 많은 로마를 아름다운 대리석 도시로 개조했으며 공공건물, 수도 설비에 신경을 썼고, 풍기를 단속하고 도시 내의 질서를 바로잡았다. 국가가 비용을 부담해 곡물을 운송하는 선단을 편성해 식료품을 안전하게 공급하도록 했다. 아우구스투스는 41년 동안 과거에 로마인들이 그토록 싫어했던 '황제'로서 최고 권력자의 지위에 있었지만 로마인들은 옥타비아누스의 권력 독점을 위험하다고 보지 않았다.

아우구스투스는 병약한 편으로 소화기관이 약했으나 주위의 예상을 뒤엎고 장수했다. 그는 기원후 14년 8월 19일 나폴리로 여행가는 도중에 칠십육 살의 나이로 조용히 숨을 거두었다. 이 행복한 노인은 사랑하는 아내 품에서 세상을 떠났는데, 아내 리비아는 아우구스투스가 스물네 살 때 열렬히 사랑해 결혼한 여자였다. 당시 열아홉이었던 리비아에게는 이미 남편과 아들 티베리우스가 있었고, 둘째아이를 임신 중이었다. 아우구스투스는 필사적으로 리비아의 남편에게 부탁하여 그녀를 차지했고 평생에 걸쳐 사랑했다. 그가 유언장에 의해 후계자로 지명한 것은 아내가 데려온 아들 티베리우스였다.

세 개의 이름을 가진 고양이

겨울비가 내리는 밤, 고양이는 자신이 누구인지 어디에서 왔는지 아무것도 모른 채 홀로 앉아 있습니다. 기억을 잃은 고양이는 친구들을 차례로 만나며 새로운 이름을 얻게 됩니다. 세 개의 이름을 거치며 자신을 찾아가는 고양이의 이야기가 지금 시작됩니다.
아픔을 가진 고양이들이 전하는 희망의 메시지를 들어주세요!

글 꼬나 / 그림 루루지 / 값 9,000

고양이 우편배달부

윤지에게는 아주 작은 친구가 있습니다. 그리고 그 친구 덕분에 아주 특별한 경험을 하게 되지요. 고양이 뿌잉뿌잉이 전달해주는 쪽지 덕에 윤지는 새로운 만남을 갖게 됩니다. 그리고 그렇게 만난 사람들 중에 놀랍게도 희주가 있었지요. 윤지는 뿌잉뿌잉 덕에 자신을 괴롭히기만 하던 희주의 아픔을 이해하게 됩니다. 편지 배달하는 고양이와 따뜻한 마음을 가진 소녀의 이야기에 귀기울여 주세요!

글 꼬나 / 그림 투리아트 / 값 9,000

고양이 세 번 울다

우연한 기회에 집을 나오게 된 고양이 팡팡이! 동생만 예뻐하는 부모님이 있는 집을 떠나 자유가 되었다는 데에 기뻐하는 것도 잠시, 낯선 바깥 생활은 팡팡이에겐 너무나 힘든 곳입니다. 팡팡이는 다시 집으로 돌아가고 싶지만 낯선 곳에서 헤매기만 하네요. 과연 팡팡이는 무사히 집으로 돌아갈 수 있을까요?

글 꼬나 / 그림 투리아트 / 값 9,000